Jörg Schader

Eine philosophische Reise der Selbstfindung

Über innere und äußere Wege
zu einem selbstbestimmten Sein

novum ⬛ pro

Dieses Buch ist auch als
e-book
erhältlich.

www.novumverlag.com

Bibliografische Information
der Deutschen Nationalbibliothek:

Die Deutsche Nationalbibliothek
verzeichnet diese Publikation in
der Deutschen Nationalbibliografie.
Detaillierte bibliografische Daten
sind im Internet über
http://www.d-nb.de abrufbar.

© 2020 novum Verlag

ISBN 978-3-99064-753-0
Lektorat: Heinz G. Herbst
Umschlagfoto:
https://de.cleanpng.com/png-cas176
Umschlaggestaltung, Layout & Satz:
novum Verlag
Innenabbildung: Jörg Schader

Gedruckt in der Europäischen Union
auf umweltfreundlichem, chlor- und
säurefrei gebleichtem Papier.

www.novumverlag.com

Den Mutigen ...
... und all jenen auf dem Weg dorthin.

www.wachstum-im-wandel.at

INHALTSVERZEICHNIS

TEIL 1: ANBAHNUNG

WILLKOMMEN, WELCOME, ¡HOLA!

DANKSAGUNG

Dieses Buch des Menschseins entstand zu großen Teilen inmitten derselben. Zahlreiche Zugfahrten halfen mir dabei, meine Gedanken schweifen zu lassen, unterstützten mich dabei, mich in meiner Doppelfunktion – als Teil der Gesellschaft wie auch als deren Betrachter – zu positionieren. Ein großer Dank gilt Andrea und Christian vom „ARTiSAN" in Schladming, Maida von „By Maida" in Graz und Werner vom „Larini" in Deutschlandsberg, die mir in ihren jeweiligen Lokalitäten stets eine angenehme Atmosphäre boten, um meine Gedanken in Worte fassen zu können.

Ich danke Elke Mandl, Margit Silldorff, Jasmin Kloepfer, Angelina Stadlmann, Günther Bitzer-Gavornik, Ingrid Schader, Julia, Sieglinde und Ferdinand Tritscher für ihre Unterstützung und konstruktive Kritik. Zudem danke ich meinen Eltern für ihr Vertrauen in meine Entscheidungen und meine Wege. Ohne Rechtfertigungszwang durfte ich mich dem Studium der Soziologie widmen, einem Herzensprojekt mit ungewissen Jobaussichten. So war ich nicht gezwungen, mir permanent Hard Skills anzueignen, um mich stets dem Moloch „Arbeitswelt" anzunähern, sondern konnte all jenen Themenbereichen der allgemeinen Menschenbildung frönen, die mich umtrieben.

Ein großer Dank gilt jenen Menschen, die ich als Sozialpädagoge, als Kommunikationstrainer, als Unternehmensberater, als Lektor im Studienfach Soziologie, als Gesundheitstrainer und Life-Coach begleiten durfte, um mit ihnen zu lernen.

Nun bleibt noch eines zu tun: Danken Sie sich selbst – liebe Leserin, lieber Leser – für die Entscheidung, in Ihre Selbstexploration, in Ihre Selbstfindung, in Ihr Voranschreiten zu investieren.

BEDIENUNGSANLEITUNG

Dieses Buch breitet seine Seiten aus, um eine Leserschaft anzusprechen, die sich durch Diversität auszeichnet, die nicht vorgegebenen Bahnen folgt, sondern vielmehr verqueren Gedanken offen gegenübersteht. So verhält sich der Titel des Buches auch etwas verquer zum Inhalt. Denn eine bloße Philosophie würde doch im theoretischen Schwelgen verharren, eine soziologische Abhandlung im besseren Verstehen des eigenen Seins in den Wirren des Treibens der Nachmoderne, lediglich praktischen Anleitungen würde der theoretische Unterbau fehlen usw.

Die „Reise der Selbstfindung" sieht sich vielmehr als Hybrid, als *axis mundi*, von welcher aus in vielzählige Richtungen gedacht werden kann und soll. Der Zugang soll ganzheitlich sein und dennoch vielschichtig, keinesfalls versteckend hinter so oft bemühten Paradigmen, sondern will sich der Komplexität des menschlichen Daseins mutig stellen. Die „philosophische Reise der Selbstfindung" will aber auch keinem Größenwahn anheimfallen, will und kann nicht Heilsbringerin, Letztwahrheit, eierlegende Wollmilchsau sein. Vielmehr will sie zum Sinnieren und Reflektieren anregen und zur aktiven Arbeit am eigenen Selbst ermutigen.

Die Leserschaft weniger anspruchsvoller Lektüre verzeihe mir die Erwähnung des einen oder anderen Fremdwortes, doch sind eben solche Terminologien häufig sinnvoll, Inhalte zu verdichten wie auch zu konkretisieren. Die im wissenschaftlichen Diskurs geschulten Rezipient*innen verzeihen mir vage Ausdrücke, wie „der Stimme des Herzens folgen" usw.[1]

Nach einigen wenigen einleitenden Kapiteln und nach einem knappen, gegenwartsdiagnostischen Streifzug wird rasch zum Brennpunkt des Sinnierens übergegangen: dem Menschsein an sich und die Möglichkeit der Selbstwandlung in Eigenregie. Die Wege der Gedanken, betreffend diese beiden großen Themenbereiche, ziehen häufig ungewohnte Bahnen, auch wenn sie sich teilweise altbekannter Schlagwörter wie „Selbstliebe" und „Initiation" bedienen.

Die handlungsleitenden Fragen sind basal und dennoch existenziell: Wodurch blockiere ich mich selbst? Was fehlt mir, um mich „ganz" zu fühlen? In welche Richtung soll ich mein Leben gestalten? Unser Streben nach Sicherheit bedingt einen immanenten Wunsch, unser Leben in geordneten Bahnen führen zu können, doch das Leben ist Veränderung, ist Wachstum und Herausforderung. Wollen wir hierzu einen Aphorismus formulieren, so lautet dieser wie folgt: Das einzig Beständige ist der Wandel!

Etwas schwieriger gestalten sich die zu treffenden Entscheidungen, betreffend die Art und Weise, wie eben Antworten auf die oben gestellten Fragen gefunden werden können. An dieser Stelle kommt nun jenes Schriftwerk ins Spiel, das noch im Entstehen begriffen ist, welches nahtlos an das hier Erarbeitete anschließen wird, denn die „philosophische Reise der Selbstfindung" ist, wenn man so will, nur eine Seite der Medaille. Sie bildet gemeinsam mit der „Schatzkiste voll sinnerfüllter Lebensweisen" eine Dualogie.

Sprechen wir vom Forschungsobjekt (dem zu Analysierenden), so fließt dieses auf den Stationen unserer philosophischen Reise mit dem Forschungssubjekt zusammen: Wir sind beides zugleich, Forscher und Beforschte. In der „Schatzkiste voll Lebensweisen" werden dann Menschen zu Wort kommen, die neue, oftmals gewagte Wege in ihrer Vita eingeschlagen haben, die umgestiegen sind in eine Lebensalltäglichkeit, die deren individuelle Frage nach dem Sinn passender beantwortet.

In gewisser Hinsicht sind all jene Personen, von denen im nachfolgenden Buch „Eine Schatzkiste voll sinnerfüllter Lebensweisen" die Rede sein wird, „Aussteiger". Doch leitet dieser Terminus uns allzu leicht fehl. Selbstverständlich steigen besagte Personen aus dieser und jener Situation, aus dieser und jener Dynamik aus. Dies tun sie aber, um schlussendlich in eine andere soziale Wirklichkeit einzusteigen. Deshalb sprechen wir nachfolgend von „Umsteigern", und vielleicht werden auch Sie – nach unserer philosophischen Reise – zu einem Umsteiger/einer Umsteigerin.

So klingen die Saiten des Duetts der „Reise der Selbstfindung" und der „Schatzkiste voll Lebensweisen" nicht gleichzeitig, sondern folgen aufeinander, die Lebensführung folgt der Selbstfindung, denn das Stellen existenzieller Fragen, die Schau des eigenen Seins, ist unabdingbar. Ein solches Innehalten, die Ergründung eigener Strukturen, Dynamiken und Potenziale, wie auch Wünsche und Sehnsüchte, sind notwendig, um sich wahrhaftig mit der eigenen Lebensweise auseinandersetzen zu können. Denn wird die Ergründung des Selbst übersprungen, geht man nur allzu leicht fehl. Die „philosophische Reise der Selbstfindung" und die „Schatzkiste voll sinnverfüllter Lebensweisen" entsprechen somit zwei aufeinander folgenden Sätzen einer Symphonie der Lebensqualität und Authentizität.

Als Studierender der Soziologie wurde ich aufgefordert, mich vom eigenen Sein, der eigenen Vita, dem eigenen Umfeld zu abstrahieren, um dann die Gesellschaft als neutraler Beobachter betrachten zu können – und dennoch scheitere ich, scheitern wir alle bei diesem Versuch, da hier wahrhaftig Unmögliches verlangt wird. Denn das „So-geworden-Sein" einer/s jeden Einzelnen kann nie *a priori* aus unserem Denken, Handeln und Fühlen ausgeklammert werden. Beispielsweise werden mit hoher Wahrscheinlichkeit ein Inder, eine Österreicherin, eine Chilenin und ein Samoaner bei der Betrachtung des gleichen sozialen Phänomens andere Interpretationen vollziehen, da der Schritt von der genuinen Wahrnehmung hin zu kulturell gefärbten Interpretationen ein äußerst kurzer ist.

Dennoch dürfen wir an ebendiesem Punkt nicht kampflos aufgeben, vielmehr gilt es, dem unerreichbaren Ideal eines neutralen Beobachters möglichst nahezukommen. Denn mithilfe dieses Zugangs können Normen und Dynamiken, Tabus und Sakrilege betreffend das Wertesystem der „Normalgesellschaft" erfasst und ergründet werden.

Ein Beispiel: Person X und Person Y steigen in denselben Zug mit dem Fahrtziel „Konformitätsbiografie" ein. Beide fahren Tag für Tag eine Station weiter, stets mit dem hehren Ziel, das eigene Leben so zu leben, wie Mann und Frau es eben zu tun pflegen. Dieser Zugang zur Normalität gibt Sicherheit in Form von interdependenten Bestätigungen des Status quos der „So-ist-es-halt-Gesellschaft". Anders ausgedrückt: Soziale Realität wird durch die Akzeptanz von Verhaltensregeln durch die Mehrheit einer Gesellschaft konstruiert, die für einen definierbaren Kulturraum zu einer geltenden Zeitspanne auf der Achse gesamtgesellschaftlicher Entwicklung (in-)formell hegemonial ist. Einfacher ausgedrückt: Normalität entsteht dadurch, dass sich die meisten handelnden Akteure der Gegenwart an etablierte Normen halten.

So ist es „normal", als Mann ein paar Biere mit seinen Freunden zu kippen, so ist es normal als im Ennstal lebende Frau ein „Dirndl" zu besitzen, so ist es normal, allabends dem TV-Gerät bzw. Video-Stream-Gerät anheimzufallen usw.

Nehmen wir nun an, Person X verlässt den „Konformitätszug" und steigt in den Zug „Weg des eigenen Herzens" ein. In diesem Zug sitzt Person X anfangs häufig alleine, in diesem Zug gesellen sich häufig auch Zweifel und Unsicherheit zum einsamen Reisenden durch die eigene Biografie. Angetrieben wird dieses metaphorische Vehikel jedoch von Sinn und Selbstentfaltung, vom Wissen darüber, welcher Vision bzw. welchen Themen das eigene Leben gewidmet ist.

Dieser Umstieg muss nicht radikal gedacht sein. Nur für die Wenigsten kommt ein radikaler Umstieg, ein Auswandern in die Ferne infrage. Vielmehr geht es oft um einzelne Saiten der Lebensharfe, die zum Klingen gebracht werden. Es geht um kleine Adaptierungen im Alltag, die häufig großer Überwindung bedürfen.

So kann es Überwindung für eine Bäuerin sein, nicht dem Druck ihres familiären Umfelds nachzugeben, sondern standhaft zu bleiben, um einer Bauchtanzgruppe beizutreten. So kann für die Betreiberin eines Beherbergungsbetriebes die Informierung der Kunden, dass künftig kein Frühstück mehr angeboten wird, eine heraklische Aufgabe darstellen, der Lohn ist mehr Zeit für eigene Belange. So kann es schwierig sein, den Alltag nicht immer mit Tätigkeit zu füllen, sondern sich bewusst Pausen zu nehmen, um dem Organismus und der Psyche die Chance zu geben, sich zu regenerieren. Es sind kleine Veränderungen, Veränderungen, die oftmals nach außen hin kaum sichtbar sind und dennoch zumeist beträchtliche Auswirkungen für das Leben, genauer gesagt, die Zufriedenheit und Leichtigkeit im Leben der Einzelnen haben.

Diese Reisephilosophie zum Selbst fordert von Ihnen erst mal gar nichts – aber sie lädt Sie bedacht und wertschätzend ein, sich selbst zu schauen, Ihr Gewordensein, Ihre Jetzt-Situation. Meine Person nimmt nun nicht die Rolle eines unnahbaren, „erleuchteten" Meisters ein. Vielmehr bekleide ich die Funktion eines Expeditionsleiters auf teils verdeckten Pfaden auf dem Weg zum eigenen Selbst. So bin ich Mentor, bin in mancher Sache geübter, und dennoch bin ich ebenso auf der Reise zu mir selbst und dies Tag für Tag.

Aus diesem Grunde wähle ich in der „philosophischen Reise der Selbstfindung" häufig die erste Person plural, um zu verdeutlichen, dass wir alle *homo viator* sind – zwar nicht auf dem Weg zum jenseitigen, himmlischen Jerusalem, wie es die Mönche des Mittelalters waren, sondern auf dem Weg in ein „Jerusalem des eigenen Herzens", wenn man es so bedeutungsschwanger ausdrücken möchte. Leichtigkeit und Lebensfreude dürfen hier und jetzt Einzug in unser Leben halten und sollen nicht für ein Leben nach diesem Leben aufgespart werden.

Ja, dieses Buch ist ein individualtherapeutisches Schriftwerk, ist ein Selbsthilfebuch! Seine Inhalte wollen tief dringen, wollen keinen Nachhall i. S. v. „Ach, das war ja nett" bewirken. Die Inhalte wollen im Herzen berühren, wollen Mauern einbrechen und Sie auf dem Weg des inneren Vorankommens, des inneren Wachstums begleiten.

Erwarten Sie nun, mittels netter Anekdoten berieselt zu werden, um eine leichte Kost genießen zu können, ist es womöglich besser, das erworbene Buch mit dem Vermerk „unbenutzt" wieder zu veräußern. Wollen Sie aber sich selbst schauen, sind Sie bereit, Altes zurückzulassen und Neues in Ihr Leben zu integrieren? Sind Sie bereit, Schwere loszulassen und Leichtigkeit zu suchen? Dann machen Sie sich auf, auf eine Reise ins Selbst!

Vielleicht hilft eine Jakobspilgerfahrt oder die Umrundung des Kailash, vielleicht dient Ihnen ein Re-treat in einem indischen Ashram oder etwa auch in einem Kloster unweit des Heimatortes. Vielleicht ist für Sie das Studium der Soziologie oder Philosophie genau das Richtige oder aber vielleicht die Lektüre der „philosophischen Reise der Selbstfindung". Ich glaube nicht, dass alle Wege nach Rom führen, aber zumindest viele. Für eine jede Person gilt es nun, in Selbstverantwortung den eigenen Weg zu definieren und auch zu beschreiten. Häufig kennt man den eigenen Weg noch nicht, kann die Seinsqualität auf möglichen Wegen noch nicht erfassen. In diesem Gestade der Selbsterkenntnis gilt es, einfach zu beginnen, gilt es, einfach zu tun, einfach auszuprobieren und Erfahrungen zu machen. Fühlt sich ein Weg, eine Entscheidung stimmig an? Oder bleibt das eigene Fühlen ohne Resonanz und verharrt das eigene Wesen in Teilnahmslosigkeit?

So bitte ich Sie um Ihrer selbst willen: Richten Sie sich nicht so sehr nach dem Außen, richten Sie sich nicht so sehr danach, was die Mutter, der Vater, die beste Freundin, der beste Freund usw. meinen, was Ihnen gut tun würde. Wir müssen unser Leben lediglich vor uns selbst verantworten, und so gilt es eben, unserem Herzen, unseren Sehnsüchten zu folgen und nicht den Meinungen und moralischen Instanzen unseres Umfeldes.

Ich selbst bin seit vielen Jahren Suchender und Findender – und werde es (hoffentlich) bis an mein Lebensende sein. So ist dieses Schriftwerk des Sinnierens und Findens auch authentisch, da hier nichts im Fernen verharrt, sondern die hier transportierten

Inhalte über die Jahre hinweg Teil meines Wesens, Teil meiner Alltäglichkeit wurden.

An dieser Stelle bitte ich Sie, die Inhalte der „philosophischen Reise der Selbstfindung" nicht ungefragt zu übernehmen, sie soll kein Katechismus der Selbstfindung, soll kein Standpunkt, sondern vielmehr Weg sein.[2] Wenn Sie anderer Meinung sind, sind Sie anderer Meinung! Wenn Sie den einen oder anderen Inhalt als belanglos erachten, dann ist es eben so. Nehmen Sie sich jene Inhalte heraus, die Sie berühren, die sich in Ihrem Bewusstsein ausbreiten – auch nachdem Sie diese Selbstfindungsreise beiseite gelegt haben. Nehmen Sie all jene Inhalte wichtig, bei denen sich Ihre Atmung verändert, vielleicht auch ihr Magen reagiert usw. Für gewöhnlich lohnt es sich, genauer hinzusehen, wenn der eigene Leib in Resonanz geht.[3]

Leider sind wir oft meisterhaft darin, ebensolche Resonanzen und Fingerzeige unseres Leibes zu ignorieren, die ureigenen Signale unseres Selbst! Man habe jetzt keine Zeit dafür, müsse funktionieren. Achtsamkeit und Selbstgewahrsamkeit sind häufig leere Hüllen, die zwar als Wunschbilder formuliert werden, jedoch keine Auswirkungen auf die Art und Weise der eigenen Lebensführung haben. Doch Sie dürfen sich selbst ernst und wichtig nehmen, sich selbst fragen: Was will mir mein Leib nun sagen? Was ist hier und da noch zu lösen? Warum reagiere ich bei diesem und jenem Thema auf diese und jene Weise? Welchem Teil von mir darf ich ins Gesicht blicken, den ich bislang übergangen bin?

Viele dieser Anteile sind alte Bekannte, und so denken wir uns des Öfteren: „Ach, dieses und jenes Thema schon wieder! Ich dachte, das hätte ich schon lange hinter mich gelassen." Wir alle haben unsere Lebensthemen, und es sind zumeist stets dieselben Themen, die uns von Kindesbeinen an begleiten, und so bietet Ihnen dieses Buch, die „Baustellen" der eigenen Vita wieder zu schauen, aber in einem etwas anderen Licht. So darf die eine oder andere Bürde klarer, besser fassbar, leichter werden – und so darf auch so mancher Schmerz losgelassen werden, so manche Erkenntnis, so manche Übung Katharsis bringen.

Die hier vorliegende philosophische Selbstfindungsreise konzentriert sich auf einige wenige Grundthematiken, erschließt nicht alle Sphären des Seins, vielmehr versucht sie die behandelten Themen (er)fassbar, erfahrbar und anwendbar zu machen. So keimt ab und an ein Neologismus aus dem gewobenen Netz der Gedanken auf, der auch im Glossar nachgelesen werden kann.

Die inhaltliche Struktur gleicht keiner Überraschungstüte, aus der in willkürlicher Reihenfolge Themen und Inhalte gezogen werden. Die Abfolge der Themen ist bewusst gewählt und ist als aufbauend zu verstehen. Folgen Sie diesem roten Faden, denn Sie werden nachfolgende Kapitel tiefgründiger erfassen, wenn Sie sich mit den Kapiteln zuvor vertraut gemacht haben.

So schließe ich diesen Auftakt mit dem tradierten Pilgergruß „ultreya". Damals motivierte die Semantik dieses Wortes ein ständiges Voranschreiten bis nach Santiago de Compostela, dem Zentrum hoch- und spätmittelalterlicher Heilserwartungen. Im Zuge meiner Reisen und Pilgerfahrten drängte sich mir recht rasch die Gewissheit auf, dass – egal wo ich mich befinde – ich immer nur mir selbst begegnen kann. Wir adaptieren also die Bedeutung von ultreya und zwar im Sinne eines stetigen Voranschreitens im eigenen Leben, um peu à peu das eigene Selbst zur Entfaltung zu bringen. So wünsche ich Ihnen Entdeckergeist und Mut, sich selbst zu schauen!

Ultreya,

WEGE ZUR SELBSTFINDUNG

Habe ich selbst schon überlegt „umzusteigen"? Ab und an, wenn Ungemach über mich hereinbrach, spielte ich durchaus mit dem Gedanken, alles hinzuschmeißen, um dem wie auch immer geheißenen Sonnengott auf den Stränden einer pittoresken Insel zu frönen. Doch um selbst auszusteigen, lebe ich zu gerne in Österreich, habe ich zu spannende und reizvolle berufliche Agenden, sind mir Familie und Freunde allzu lieb.

Vermutlich wäre ich jener Typ, dem das insulare Paradies rasch zu langweilig werden würde – und dennoch tut mir das Sinnieren, das Lesen, das Exzerpieren, das Schreiben usw. rund um die Themen Sinnsuche, Umsteigen und Lebensqualität gut, lässt mich selbst zur Ruhe finden. Die Durchführung des Doppelprojektes – „Eine philosophische Reise der Selbstfindung" plus „Eine Schatzkiste voll sinnerfüllter Lebensweisen" – half und hilft mir, die Einfachheit des Lebens nicht aus den Augen zu verlieren, mir selbst treu zu bleiben. Das Credo „Simple Man" (Lynyrd Skynyrd) ist eine meiner Lebensmaximen und bedarf tagtäglicher Verfolgung.

Doch warum forsche ich nicht über Schweige- oder Fastenseminare, warum nicht über Rituale im Zuge des Wellnessbooms? Die Antwort findet sich autobiografisch fundiert in so manchen Pilgererfahrungen, genauer gesagt, in so manchen Begegnungen auf dem Jakobsweg.

Bereits im Jahr 2002 hatte ich die eine oder andere einschneidende Begegnung. Ganz besonders blieb mir eine Mutter aus deutschen Landen in Erinnerung, die mit ihren beiden Söhnen und zwei Eseln seit zwei Jahren auf Wanderschaft war. Die Mutter kümmerte sich intensiv und rührend um ihre beiden Söhne, doch legte sie auch radikale Ansichten an den Tag. Das besagte Fünfergespann ernährte sich fast ausschließlich frutarisch, also hauptsächlich von Obst, das von Bäumen gefallen war bzw.

von Beeren, die von Sträuchern gefallen waren. Die Jungen ernährten sich auch von „Integrales", meinen Lieblingskeksen zu dieser Zeit, die ich den beiden heimlich zusteckte, die Mutter verzeihe mir.

Den Winter vor unserer Begegnung hatte die Rumpffamilie bei einem französischen Bauern verbracht, der von der Mutter mit sexuellen Gefälligkeiten bedient wurde. In die Schule sollten die beiden Jungen nicht mehr gehen. Beide, etwa um die 10 Jahre alt, sprachen bereits Französisch und etwas Spanisch, beide waren wahre Meister beim Feuerholzsuchen bzw. Feuermachen.

Über einen Zeitraum von etwa zwei Wochen traf ich diesen Pilgertross beinahe täglich, ich sah einerseits die Freiheit und Natürlichkeit der beiden Jungen, andererseits die Zerrissenheit der beiden: Liebe und Zuneigung gegenüber der Mutter kämpften immer wieder mit dem Verlangen, aus den rigiden Ge- und Verboten ihres Familiensystems auszubrechen.

In Finisterre trennten sich unsere Wege. Meine liebgewonnenen Pilgergefährten orientierten sich in Richtung Süden und steuerten auf Fatima zu, dann wollten sie nach Marokko übersetzen. Ohne Mobiltelefon, ohne Anschrift – und damals auch ohne Facebook – war es nicht möglich, Kontakt zu halten.

Immer wenn ich ein Lagerfeuer mache, wende ich einen Kniff an, den ich von den beiden Jungen gelernt habe und denke an diese Begegnungen der Andersartigkeit, der Freiheit, der Ambivalenz. Noch heute stelle ich mir die Frage: War diese Form des nomadischen, unmittelbaren Herumziehens Fluch oder Segen für die beiden Jungen?

Musste der Pilgertross aufgrund gesundheitlicher oder monetärer Gründe mit Scham behaftet wieder nach Deutschland zurückkehren? Hatten die beiden Jungen Erfolg bei der Wiedereingliederung, oder ist es gar nicht möglich, im uns vertrauten Gesellschaftssystem zu (über-)leben, wenn in frühen Jahren der verführerische Duft eines selbstbestimmten Lebens gekostet wurde?

Vielleicht ist die Familie aber nicht zurückgekehrt und bietet für Urlauber Trekking-Touren im Atlasgebirge an. Womöglich wurde gemeinsam eine Strandbar in Casablanca eröffnet, die mittlerweile von den beiden Brüdern mit ihren Partnerinnen geführt wird.

Mit vielzähligen Erfahrungen im sozialpädagogischen Bereich treibt mich die Ungewissheit um, ob eine solche Art und Weise des Heranwachsens für Kinder- und Jugendliche eine gangbare Alternative ist. So oft habe ich miterlebt, wie hochsensible, junge Menschen von den Regeln und Leistungsvorgaben des Schul- und Lehrsystems gebrochen wurden. Norbert Elias beschreibt den Prozess der Zivilisation als eine Zunahme von Reglementierungen und Affektregulierungen. Die Frage, die sich hier stellt, ist jene, wie viel uns die ohnehin erodierende Sicherheit unseres Zivilisationsprozesses wert ist. In den Tag zu leben – mit den Worten Erich Fromms[4] –, „einfach zu sein" und das Leben, die Wunder der Natur zu genießen mit einem Mindestmaß an materiellen Besitztümern, scheint immer mehr Menschen unseres Breitengrades als verlockende Utopie anzuziehen.

Klammern wir uns an ein Phantasma? Was gibt unserem Leben Sinn? Ist es ein BMW X5 anstatt eines BMW X3 oder ist es das Biwakieren an einem Bergsee und das unmittelbare Erleben von Sternennächten, das Schmecken des Taus am Morgen auf den Lippen, das unser Herz höher fliegen lässt? Sind es das 13. und 14. Gehalt, die unser Leben lebbar machen, oder ist es einfach die Qualitätszeit, in Tiefenentspannung zu betrachten, wie der Wind sein Spiel mit dem Geäst eines Baumes treibt?

Unser Gehirn kann schwer mit Themen, mit Situationen umgehen, die noch nicht abgeschlossen sind, es wünscht sich Klarheit, ein Ja, ein Nein, aber kein Vielleicht. Das Vielleicht kostet unserem Organismus Kraft, erzeugt Unsicherheit. Ich lebe nun seit Jahren mit diesem „Vielleicht" in meiner Brust, und ebendies definiert sich als kausales Momentum, welches mich antreibt, dieses Buch zu schreiben.

Dieses Buch entsteht, weil ich mich gegen ein gewöhnliches Leben entschieden habe, weil ich einen gut bezahlten Job gekündigt habe, weil ich vom Weg des Strebens nach Sicherheit und Unlustvermeidung abgegangen bin. Bin ich ohne Sorgen und Zweifel? Nein! Ab und an kommt in mir das Bedürfnis nach ebendieser Sicherheit hoch, doch dann erinnere ich mich, wie unfrei ich mich gefühlt habe, wie Lebendigkeit und die mir innewohnende Lebensfreude peu à peu abhandengekommen sind, und dann fühle ich wieder Bestimmtheit, dass dieser alte Weg, dieser Weg des Angepasstseins, die existenziellen Kosten ins Unendliche getrieben hätte – denn Leben will gelebt werden!

Gerald Hüther zufolge haben wir alle bereits als Fötus zwei grundlegende Bedürfnisse: Zum einen tragen wir das Bedürfnis nach Sicherheit und Geborgenheit in unserer Brust, zum anderen verspüren wir auch das Bedürfnis nach Wachstum.[5] Die Ausgewogenheit dieser Polarität zu leben, gelingt uns mal besser, mal schlechter. Ich selbst sehe mich als Lernender, als Erkennender und maße mir hier nicht an, diesen Spagat besser zu bewältigen als irgendeine Person, die diese Zeilen liest.

Ich kann nur ehrlich und authentisch sagen, dass ich aufgrund der tristen Jobsituation als Soziologe von Anfang an gezwungen war, kreativ zu sein, gezwungen war, mich immer wieder in andere Berufsfelder einzuarbeiten. Glücklicherweise entspricht eine solche Buntheit meinem mir immanenten Wissensdrang, und so bin ich dankbar dafür, bereits früh in meinem Leben auf den Weg der Selbständigkeiten und der Selbstverwirklichung gekommen zu sein.[6]

Im Zuge längerer Bergtouren und im Zuge diverser Pilgerfahrten erfuhr ich tief empfundene Freude, einen Alltag geprägt von Leichtigkeit. Stets versuchte ich – und versuche noch immer – diese lebensfreundlichen Seinszustände in meinen Alltag, in mein Everyday Life zu integrieren, was tags besser und dann wieder tags schlechter gelingt. So lebt auch in schwierigen Zeiten eine Idee, eine basale und dennoch klare Erinnerung in mir fort, wie sich das tagtägliche Wallen durch die mir gegebene Lebenszeit anfühlen soll.

Wir alle sind Suchende, egal ob wir nach La Gomera ausgewandert sind oder ob wir an jenem Ort, zu dem uns die Geburt, die Arbeit, die Liebe usw. geführt haben, verbleiben. Die Sehnsucht nach Unbeschwertheit, nach Leichtigkeit ist vermutlich uns allen immanent. Lediglich die Ausrichtung der eigenen Existenz in unserer zentraleuropäischen Zivilisation ist eine andere. Bemühen sich Umsteiger um (häufig) radikale räumliche Abgrenzung zur Normalgesellschaft und um den Einstieg in einen freien und selbstbestimmten Lebensstil, so bemüht sich hingegen das Gros innerhalb der Gesamtgesellschaft mit all ihren Annehmlichkeiten und Sicherheiten, aber auch all ihren Zwängen und Schreckensszenarien, das eigene Leben zu gestalten.

Im Zuge der von mir durchgeführten Coachings treffe ich häufig auf Selbst- und Sinnsucher, welche nach Auswegen von dieser oder jener Leidenssituation suchen. So wage ich zu behaupten, dass sich unser Alltag, den wir als normal i. S. v. „gewohnt" kennen, uns häufig weiter und weiter von uns selbst entfernt, uns weiter und weiter entfremdet von natürlichen, von gesunden Anteilen unseres Selbst![7]

Wir leben in einer posttraditionalen Gesellschaft, in einer Welt der Nachmoderne, in einer Zeit nach dem Wiederaufbau der Gesellschaft, einer Zeit ungekannter Freiheit betreffend Mobilität, Partner- und Berufswahl. Eine jede Zeit kennt Risiken und Möglichkeiten, und so können und sollen wir auch Positives in der Gegenwartsgesellschaft sehen. Sie und ich, wir sind auf uns selbst zurückgeworfen. Die Kirche hat für viele unter uns als Heilsbringerin ausgedient. So sind wir dazu angehalten, selbst Antworten nach dem Sinn des eigenen Lebens zu finden, sind dazu verurteilt, selbst Wege zum eigenen, subjektiv empfundenen Glück zu finden. Wir verfügen über ein Mehr an Selbstverantwortung, ein Mehr an Entscheidungszwang ob vieler Möglichkeiten, aber auch einem Mehr an Selbstbestimmtheit, Selbstverwirklichung und Freiheit.

Kehren wir noch einmal zurück zu meinen Anfängen als Jakobspilger: Am Ende meiner Selbsterfahrungsreise im Jahr 2002 wusste ich, dass ich 2003 wieder nach Finisterre musste, dem für so manche Pilger eigentlichen Ende des Jakobsweges. Egal was geschehen würde, ich war mir gewiss, meinen Plan in die Tat umzusetzen. So machte ich im besagten Jahr nur einen Kurzbesuch am Jakobsweg, pilgerte von Santiago de Compostela bis Finisterre. Nach drei Tagen Pilgerfahrt lebte ich jedoch etwas mehr als zwei Wochen am Atlantikstrand des Ortes Fisterra, dort, wo die Pilger des Mittelalters Reinigungsrituale durchführten und dort, wo ich in den Sommern der Jahre 2002, 2003, 2006 und 2007 jene Pilger antraf, die oftmals bereits Monate unterwegs waren, die sich teilweise entschlossen hatten, sich am Jakobsweg niederzulassen, die teilweise ohne Geld lebten oder in Finisterre Zwischenstation machten, um dann weiter nach Rom oder Jerusalem zu wandern.

Mein Bewusstsein saugte all diese Begegnungen wie ein Schwamm auf, und so wirken sie noch intensiv in mir nach, leben präsent in meinem Geiste, in meinem Leibe. Im besagten Sommer, im August des Jahres 2003, entstand bereits die Idee, über (einschneidende) Lebensveränderungen, über alternative Lebensstile, über „Umsteiger" zu schreiben, zu forschen. So trug ich diesen Keim viele Jahre in mir, bis ich im Jahr 2016 zu lesen, zu schmökern, zu sinnieren, zu forschen begann – bis die Saat, welche Jahre zuvor in mein Herz eingepflanzt wurde, das ihr innewohnende Potenzial zur Entfaltung bringen konnte.

Dieses Buch entstand nicht nur für Sie, liebe Leserin, lieber Leser, sondern auch für mich. Viele Sehnsüchte, viele Herzensthemen, so manche Ängste werden von Autoren verarbeitet, während sie sich altruistisch gebaren und genuine Antriebe verschleiern. Doch sind nicht Ehrlichkeit und Authentizität die Greifbarkeit der Schöpferin/des Schöpfers, wie auch deren/dessen ureigene Beweggründe von zentraler Bedeutung, um vermittelte Zusammenhänge und Kausalitäten eines Werkes besser verstehen zu können?

Meiner Meinung nach verstecken sich viele Urheber*innen wissenschaftlicher Schriften hinter ihren Werken. Dies gehöre doch zum guten Ton, und so macht man sich hinter dem Deckmantel der Objektivität unantastbar. Kommunikation funktioniert nur in den seltensten Fällen. Sie verstehen also nur in den seltensten Fällen genau das unter diesem und jenem Phänomen, wie ich es sehe und kommunizieren möchte.

Aufgrund dieses Axioms menschlicher Interaktionen verlangt mein Verständnis von Wissenschaft den Abgleich gewonnener Erkenntnisse mit dem Innenleben des Autors/der Autorin, denn nur so kann ein holistisches Bild entstehen, kann ein Zentralgestirn am Firmament der Erkenntnis leuchten. Andernfalls verhalten sich Schriftwerk und Autor*in wie zwei Himmelkörper, die sich zwar wechselseitig ob ihrer Gravitation bedingen und dennoch uneins im Wissenskosmos umherirren.[8]

DIAGNOSTIK DER GEGENWART

„Würdest du mir bitte sagen,
welchen Weg ich von hier aus nehmen soll?"
Das hängt ganz davon ab, wohin du möchtest",
erwiderte die Katze.
„Es ist mir eigentlich egal, wohin ...", sagte Alice.
„Dann kommt es auch nicht darauf an,
welchen Weg du nimmst", sagte die Katze.
(Alice im Wunderland – Carroll 2011, 78)

Noch vor wenigen Generationen wurde die Frage nach der Gestaltbarkeit des eigenen Lebensweges noch kaum gestellt: Man
war die Bauerstochter, der Sohn des Schmiedes usw. Biografien
waren oftmals vorgezeichnet, in Stein gemeißelt, und so war es
müßig, sich aufgrund des Mangels an Optionen Fantasien der
Selbstverwirklichung hinzugeben.

Es wundert also nicht, dass der Begriff „Identität" noch keine
hundert Jahre Teil des wissenschaftlichen Diskurses ist. Erst im
Laufe des 20. Jahrhunderts erweiterte sich der Handlungsraum
individueller Biografien, was erst die Möglichkeit, aber auch die
Notwendigkeit einer wie auch immer gearteten Definition des
Selbst entstehen ließ.[9]

Diese unsere Identität können wir nun ausdifferenzieren in eine
„persönliche Identität", die auf Selbstwahrnehmung eigener Antriebe und Fähigkeiten abzielt, sich aber auch auf den gemachten
Erfahrungen im Zuge der eigenen Genese gründet. Als Pendant
zur persönlichen Identität gesellt sich die „soziale Identität", die
sich aus der Summe und Beschaffenheit diverser Rollen des Alltags zusammensetzt. So sind wir Vater und Mutter, Arbeitskollege
und -kollegin, Yogafreund und -freundin usw.

Die Gegenwartsdiagnostik – ein Teilgebiet der Soziologie –
verfügt nun über zahlreiche „XXX-Gesellschaften", um die

Lebensaktualitäten der Nachmoderne zu benennen. So ist die Rede von der Informationsgesellschaft, der Risikogesellschaft, der Sicherheitsgesellschaft, der Multioptionsgesellschaft, der Gesellschaft der Individualisierten usw.[10] In einem jeden dieser Konzepte wird eine Problemlage herausgestrichen und analysiert. Diese und jene Problemlagen gibt es sehr wohl, aber diese und jene Entwicklung bringt auch diese und jene positive Veränderung, diese und jene Chance mit sich.

Wir wollen nun also nicht dem Schwarzmalen anheimfallen, denn besagte soziologische Literatur zeichnet sich oftmals durch Einseitigkeit aus, i. S. e. pejorativen Tendenz. Wenn Hape Kerkeling in seinem Jakobswegklassiker „Ich bin dann mal weg" geschrieben hätte: „Nach vierhundert Kilometern war da wieder ein Hügel mit ein paar hundert Höhenmetern ...", hätten sich die Verkaufszahlen wohl anders entwickelt.[11]

Hier sollen die Problemlagen und Schattenseiten nun nicht bagatellisiert werden, die Chancen, die Freiheit des Seins, unser hoher Lebensstandard, sie sollen aber auch ins Gewicht fallen, ja, sogar im Abgleich mit den Risiken und Unsicherheiten der Gegenwart überwiegen.

Ab und an ist es ein einschneidendes Erlebnis, wie der Verlust eines nahen Menschen, das Auseinanderbrechen einer Partnerschaft, eine Mobbingsituation am Arbeitsplatz usw., manchmal ist es aber auch eine sich über Jahre hinweg ausbreitende Schwere unseres Gemüts, bis wir uns entschließen, unser Leben oder zumindest unsere Einstellung zu diesem zu ändern.

Orientierungslosigkeit macht sich breit, eine Suchbewegung auf individueller Ebene mit gesamtgesellschaftlicher Dimension wird in Gang gesetzt. Der Motor dieser Bewegung ist das starke Bedürfnis nach Sinn – und im selben Atemzug die Angst vor Leere.[12] Viele unter uns befinden sich in der Not der Befreiung: *„An die Stelle der technischen Frage ‚Wie erreiche ich X' tritt die philosophische Frage ‚Was will ich eigentlich'?"*[13]

Diese existenzialistische Frage führt sogleich zur Frage nach dem Sinn.[14] Viele unter uns handeln noch wie Sisyphos im Trott der Sachbezogenheit, im Trott gesellschaftlicher Konventionen und Obligationen, im Trott vorgeschobener Selbstverwirklichung und finden sich dennoch im Treibsand sublim verpackter Massenphänomene wieder.

INDIVIDUALISIERUNG

Kann es sein, dass ein Mensch sich besser entwickelt,
wenn er weniger kontrolliert wird?
Oder ist die berühmte Nestwärme doch wichtiger als Freiheit?
(Schwermer 2001, 14)

I

Das Konzept „Individualisierung" durchdringt bereits so viele Teilbereiche der Soziologie, der Pädagogik und Kulturanthropologie, dass in Abhandlungen der Begriff als allgemeinverständlich gesehen wird und somit keiner Definition mehr bedarf. Ein Verständnis der Semantik des Begriffs wird also vorausgesetzt.

Dieses Konzept, das sich auf Selbstverwirklichung, Selbstbestimmtheit und Selbststilisierung gründet, ist Teil des Jargons des „Standard-Lesers", der „Presse-Rezipientin". Besagter Terminus, welcher *per definitionem* ein existenzialistisches Herauslösen, eine Selbstbefreiung des Individuums aus tradierten Gegebenheiten meint, flutscht geübt den Gaumen runter, egal ob man im Grazer Parkhouse sitzt oder vor dem Wiener Flex chillt.

Mit ebendieser Sicht der Dinge, mit ebendiesem angenommenen Bild des gesellschaftlichen Status quos war ich im sozialpädagogischen Feld als auch in der Praxis als Kommunikationstrainer mit so manchen anderen Realitäten konfrontiert, und so begann ich, am dogmatisch internalisierten Bild der Individualisierung zu zweifeln.

Eine deviante Sicht abseits des besagten Dogmas offerierte mir mein geschätzter Bruder, ein Techniker ohne jegliche soziologischen Grundkenntnisse mit dem Hang, sich mit Kürze und Prägnanz auszudrücken. So sprach er in einem heiteren Moment vom „Schaferl-Effekt". Dieser pseudowissenschaftlich anmutende Neologismus impliziert die Existenz von einem oder mehreren Leitfiguren wie auch einer unkritischen Masse, welche ebendiesen folgt, und genauso erlebte und erlebe ich das Streben der meisten in unserer Gesellschaft.

Lassen Sie uns nun etwas konkreter werden: Ich betreute über zehn Jahre männliche Jugendliche im Bereich der privaten Kinder- und Jugendhilfe. Für drei von fünf dieser Jungen war es vollkommen klar, dass sie ein iPhone besitzen wollten, für vier von fünfen war es ebenfalls klar, dass sie dann im Alter von 16 bzw. 18 Jahren mit einem KFZ der Marke „Audi" vorfahren würden. Individualisierung, die mir so selbstverständlich schien, wollte mir in meinem außeruniversitären Alltag einfach nicht begegnen.

Das Gros folgt gesamtgesellschaftlichen, medial produzierten Bedürfnissen. Diese entspringen keiner phylogenetischen Notwendigkeit, sind nicht in unsere Doppelhelix einprogrammiert, sondern sind vielmehr sozial bzw. künstlich geschaffen – doch hierzu später mehr.[15]

Individualisierung i. S. v. „Ich mach es anders als die anderen" oder „Ich gehe meinen eigenen Weg" begegnete mir nur äußerst selten. Das Gegenteil ist der Fall! Vor allem Kinder und Jugendliche wollen dazugehören, wollen akzeptiert werden. In den Peer-Konstellationen gibt es klare Vorstellungen und Wertparameter, welche Kleidung angesagt ist und welche eben nicht, welche Automarke, welches Musikgenre, welcher Haarschnitt usw. en vogue sind oder eben nicht usw. Hier greift der Schaferl-Effekt voll und ganz.

So verstehen wir Individualisierung als Gegentrend zum Haupttrend des Strebens nach Zugehörigkeit und Anpassung. Selbstverständlich ist ein jeder Mensch einzigartig, doch gesamtgesellschaftliche Konventionen und Strömungen nehmen meist mehr Platz ein als das Streben nach Individualität.[16]

II

Gehen wir nun von den oben genannten Beispielen ab, denn hier können rasch Einwände formuliert werden: Der Drang zur Individualisierung sei bei Jugendlichen noch nicht so stark ausgeprägt oder selbiger sei in Milieus mit niedrigem Bildungsstand ohne Kenntnisse von Sozialdynamik, Aufklärung, Ethik und Moral eben nicht sehr präsent. Vielmehr wollen wir abtauchen in die Psychodynamik des Mensch-Seins.

Dem kann nun entgegengehalten werden, dass der Prozentsatz des sogenannten Selbstverwirklichungsmilieus in absoluten Zahlen gemessen an der Gesamtpopulation Österreichs, Deutschlands, der Schweiz – und auch in jedwedem anderen Land – erschreckend gering ist. Doch lassen Sie uns unseren Blick genau auf diese Teilpopulation der Gesellschaft legen, auf dieses bunte, umtriebige, das Leben bejahende Kaleidoskop von Individualisten, denen die Erfahrung des Selbst so manche Jakobspilgerfahrt, so manches Wwoofing-Abenteuer, so manchen Alternativurlaub auf Almhütten, an den Stränden La Gomeras oder ähnlichen Destinationen wert ist.

Bevor wir hier nun weitergehen, gilt es, unseren Blick zu schärfen, um unser Reflektieren und Erkennen zu unterstützen. Lassen Sie uns folgende anthropologische Frage erörtern: Wie konstituiert sich das Bewusstsein eines Menschens, und was sind dessen Inhalte? In anderen Worten stellt sich hier die aristotelische Frage nach dem „Potenzial", das in einem Seinszustand schlummert und eben auch nach deren „Aktualität", also der konkreten Form, die sich aus dem Potenzial entwickelt bzw. entwickeln kann.

Immer wieder werden an uns paradigmatische Lebensweisen herangetragen, die ob deren Einfachheit so herrlich wohlig unseren Gaumen hinuntergleiten und mit Genuss in das Bild von uns und dem Leben integriert werden. So ist unser Bewusstsein voll von mannigfachen Sinnsprüchen: Man soll den Tag nicht vor dem Abend loben! Wenn dich etwas stört, hat es in erster Linie mit dir selbst zu tun! Das Glas des Lebens ist halb voll und nicht halb leer!

Lassen wir uns diesen letzten Aphorismus auf der Zunge zergehen, lassen Sie uns in dieses Bildnis der Dualität von Fülle versus Leere, Sinn versus Sinnleere, Lebensfreude versus Depression usw. eintauchen und lassen Sie uns von folgender Prämisse ausgehen: Das Glas, der Becher, der Tonkrug, die Schüssel, die Regentonne, der Beckenrad, das Ufer – all diese Termini bezeichnen eine Grenze, eine Barriere, eine klare Trennlinie zwischen dem, was innerhalb ist und eben dem, was außerhalb liegt.

Lassen Sie uns nun von solch konkreten Bildern abgehen und diesen Gedanken auf unser Mensch-Sein übertragen. So können wir das sogenannte „Glas" als konkrete Gestalt definieren, welche uns selbst, welche unseren Geist, unsere Alma, all das, was wir fühlen, fühlten, denken und dachten, beinhaltet.

In der Regel sagen wir zu diesem Gefäß „Körper". Ein jeder/ eine jede versteht dieses Wort oder viel besser die Semantik, die Assoziationen und Bilder, welche mit diesen sechs Buchstaben verknüpft sind. Dieser Begriff, welcher vom altgriechischen Wort „Korpus" herrührt, trägt in seinem etymologischen Ursprung die Bedeutung „Leiche". Das Körperkonzept versteht unser physisches Sein als unbeseelte leblose Entität. An dieser Stelle dürfen wir nun an der Passgenauigkeit dieser Begrifflichkeit zweifeln.

Norbert Elias forderte über viele Jahre hinweg eine Sprache, welche klarer ebendas beschreibt, wovon wir sprechen bzw. unserem Gegenüber kommunizieren wollen.[17] Wir bemühen uns, der eliasschen Forderung Rechnung zu tragen.[18] Hiermit ersetzen wir den Begriff „Körper" durch den Terminus „Leib" – denn dieser leitet sich vom althochdeutschen Wort „Leben" ab. Unser Leib ist also mit Geist und Emotionen gefüllte Materie, ist Schnittstelle und Werkzeug unseres Daseins als Mensch – ist die oben angesprochene Trennlinie zwischen dem Außen und dem Innen. Kehren wir nun zum Sinnbild des halb leeren bzw. halb vollen Glases zurück.

III

Nun wenden wir unseren Blick vom Gefäß auf dessen Inhalt. Ich weiß nicht, welche Bilder in Ihrem Bewusstsein entstehen. Mein Geist erdachte stets Wasser in einem Glas. Vielleicht haben Sie eine Kaffeetasse vor Augen, ein Weinglas mit kostbarem Inhalt, vielleicht ersinnt Ihr Bewusstsein auch einen Krug, gefüllt mit edlem Bier usw. Betreffend die Anwendbarkeit dieses Sinnbildes für das menschliche Dasein erweist sich die Güte des Inhaltes von zentraler Bedeutung. Zunächst ist für uns aber von Interesse, wie besagte – wie auch immer geartete – Substanz ins Gefäß kommt. Erzeugen wir diese Substanz selbst oder wird sie extrinsisch in uns hineingetragen? Wie so oft liegt die Antwort zwischen besagten Antipoden.

An dieser Stelle bieten sich nun diverse Abzweigungen unseres Voranschreitens im Prozess des Sinnierens über unser Sein an. Wir stützen uns nicht auf biochemische Vorgänge in unserm Gehirn, sondern wählen einen prozessorientierten, phänomenologischen Zugang und fassen uns Selbst als vierdimensionale Existenz im Augenblick des Hier und Jetzt.[19]

Ein jeder/eine jede unter uns ist also Individuum im Bewusstsein des hier und jetzt stattfindenden Moments, das durch genetische Prädispositionen wie auch einzigartige epigenetische Entwicklungen definiert ist. Dieses Gewordensein definiert den Inhalt des Glases, genauer gesagt ist es unser Bewusstsein, unser gewachsenes Selbstbild, das hier als konstituierendes Element zu verstehen ist. Um nun mehr Verständnis über den vornehmlichen Prozess der Individualisierung zu erhalten, erörtern wir noch die Seinsqualität von Bewusstsein.

Als physiologische Grundlagen unseres Bewusstseins erweisen sich mannigfache biochemische Prozesse in unserem Gehirn. Diese Abläufe, dieses komplexe Zusammenspiel lässt Bewusstsein, lässt die Fähigkeit entstehen, das eigene Sein von einem abstrahierten Blickwinkel zu betrachten, um mehr oder weniger klar benennen zu können, worüber man gerade sinniert, wie man sich gerade fühlt usw. Durch unser Bewusstsein können wir uns selbst als seiende, schöpferische und vergängliche Wesenheit begreifen.[20]

Dennoch ist Bewusstsein nicht kontingent, muss also nicht notwendigerweise aus den besagten biochemischen Vorgängen hervorgehen. Vielmehr gebart sich Bewusstsein emergent, kann aus den physiologischen Grundlagen hervorgehen oder eben auch nicht. Betreffend die Seinsgestalt des Menschen gehen wir von der Existenz von Bewusstsein aus, das Grundvoraussetzung ist, sich selbst und die Welt zu erfassen![21]

Nun möchte ich einen Gedanken in die Diskussion einführen, der trivial anmutet, unser theoretisches Schwelgen aber ins konkrete Tun und Handeln geleitet. Wir gehen wieder vom Aphorismus „Das Glas ist halb voll" aus. Hierbei handelt es sich nun nicht um eine objektiv messbare Größe, denn naturwissenschaftlich betrachtet sind „halb voll" und „halb leer" zwei Seiten ein und derselben Medaille.

Unsere Aufmerksamkeit liegt also nicht auf einem Fokus, der eine klare Operationalisierung beabsichtigt. Vielmehr liegt unser Zugang auf individueller Wahrnehmung, auf dem Bezug zum eigenen Selbst, zur eigenen Realität. Die ominöse Substanz in unserem Gefäß ist unser Bewusstsein, welches – genauer betrachtet – über bewusste und unbewusste Anteile verfügt.

Wir können somit neben der Quantität der Substanz im Gefäß auch nach deren Qualität fragen. Ist das Wasser klar und erfrischend oder ist es trüb und abgestanden? Wir wissen bereits, das Wasser symbolisiert emergentes Bewusstsein. Ist dieses mit Gedanken des Vertrauens gefüllt, der Leichtigkeit und Liebe, dann gestaltet sich dessen Qualität als klar und erquickend, wir haben Zugang zu den uns immanenten Kraftreservoirs. Sind unsere Gedanken hingegen mit Sorgen behaftet, sind sie von Angst und Unsicherheit durchzogen, so schwächen wir uns selbst.

Ja, es geht ums positive Denken! Im Kapitel „Optimismus versus Verklärung" wird konkreter erläutert, welcher Art von positivem Denken wir uns im Zuge unseres philosophischen Driftens, unserer Selbstfindungsreise verschreiben. Wir gehen von jener Art Optimismus aus, die eben nicht verklärend, nicht verdrängend ist, welche eben nicht nur einen Teil der eigenen Gefühlsregungen annimmt und andere wiederum zu unterdrücken versucht. Der hier vorgeschlagene Optimismus ist nicht Realitätsflucht, ist kein zum Scheitern verurteilter Versuch der Loslösung vom Mensch-Sein, der Flucht in transzendentale Konstrukte. Wir verwenden einen positiven Zugang im Sinne des Erarbeitens gestalterischer Möglichkeiten – und dies eben auch in Zeiten der Depression und Agonie.

Durch einen solchen Zugang beziehen wir uns auf die Gestaltbarkeit unseres Daseins, und so gehen Selbstwirksamkeit und Mut zur Veränderung mit diesem einher. Der Schaferl-Effekt lehrt uns aber, dass in vielen Menschen das Exerzieren von Tätigkeiten, die in der Normalgesellschaft als obligat gelten, noch (allzu) große Bedeutung hat.

Dieser uns umgebende, uns oftmals durchdringende „Meta-Habitus" der Normalgesellschaft mag für so manchen stimmig sein – und zwar genau dann, wenn die eigenen Gedanken, die eigene Gefühlswelt hinsichtlich einer authentischen Lebensweise mit den Parametern der Normalgesellschaft *d'accord* gehen. Anderenfalls werden aufgrund wahrgenommener Inkongruenz Beklemmung, Unsicherheit, Widerständigkeit usw. empfunden.

Betreffend unsere Metapher des Bewusstseins ist das Glas tatsächlich mit zwei Flüssigkeiten gefüllt: einer originär-wahrhaftigen und einer teilkompatiblen, die den Impetus der Normalgesellschaft symbolisiert. Lassen Sie uns ehrlich sein und nicht einer unerreichbaren Utopie unseres Innenlebens anheimfallen. Wir alle tragen diese beiden Anteile in uns.

Wir alle sind determiniert, wurden geformt, um in der Gesellschaft so halbwegs funktionieren zu können. Wir wollen aber keiner destruktiven Sichtweise des Mensch-Seins – wie beispielsweise jene von Thomas Hobbes[22] oder jene von Arthur Schopenhauer[23] – Raum geben. Vielmehr gründen wir auf der Basis von Determination und Sozialisationen, Defiziten und Ressourcen, Ängsten und positiven Antrieben den Tempel unseres eigenen Seins, unserer eigenen Identität.

Ja, wir bedienen uns des Konzepts des Konstruktivismus, und da Identität permanent mit dem Aufhänger „under construction" etikettiert ist, sind wir auch ständig am Umbau, an der Neugestaltung, beim Austausch der „Basis" oder des „Tempels" selbst. So werden Basis und Tempel des Selbst mit der Zeit sich in ihrer Gestalt – im Innen wie im Außen – verändern. Gehen wir diesen Schritt, so gehen wir den Weg der Individualität, egal ob wir von anderen Menschen als Individualist*in gesehen werden oder eben nicht.

Wie verschönern, wie verbessern wir den Tempel, wie das Fundament? Die Grundeinsicht ist simpel: All das, was wir tun, all das, was wir denken und fühlen, wirkt auf unser Selbst. Bestimmt haben Sie es bei sich beobachtet – oder vielleicht auch bei anderen –, dass ein neuer Job, eine neue sportliche Betätigung große Kreise im eigenen Gefühlshaushalt ziehen und auch das Bild vom eigenen Sein verändern kann. An dieser Stelle erinnere ich mich gerne an die Ableistung meines Präsenzdienstes beim österreichischen Bundesheer. So dauerte es nicht lange, bis die Strukturen, Hierarchien und Schikanen begannen, mein Selbst umzuformen und zwar in Richtung emotionaler Abstumpfung und reduzierter Lebensfreude. In der darauffolgenden Studienzeit brauchte ich so manches Semester, um mich von dieser Deformation zu erholen, um mein „getrübtes" Bewusstsein wieder klar werden zu lassen.

So dürfen wir uns mehrmals am Tag fragen: Entsprechen meine Worte und Taten dem Prinzip der Selbstliebe und Authentizität? Mit welcher Person in meinem Freundeskreis fühle ich mich gut? Welche Person belädt mich stets mit Sorgen, sodass ich aufgrund von Energiemangel nach einem gemütlichen Kaffee am liebsten schlafen gehen würde? Beschäftige ich mich stets mit Ängsten und Sorgen über mich, meine Lieben und die Welt im Allgemeinen?

In einer Welt, in der äußere Sicherheiten und Verlässlichkeiten vager sind als noch wenige Jahrzehnte zuvor, ist es umso wichtiger, den Tempel des eigenen Seins, die eigene Identität auf einer tragfähigen Basis zu gründen.[24] Ananke[25] hat für uns ebendiese Zeit und diese Welt vorgesehen. So oft wird sie schlecht geredet, diese unsere Zeit. Doch wann ging es den Mitteleuropäern besser in der Menschheitsgeschichte? Ich entsinne mich keiner Zeiten, in der das größtmögliche Glück einer größtmöglichen Anzahl von Menschen so zum Greifen nahestand.

So dürfen wir freudvoll und dankbar sein, dürfen unseren Geist, unser Bewusstsein mit Gedanken der Wertschätzung, der Geduld, der Zufriedenheit usw. füllen. Teil dieser Gedanken dürfen bzw. sollen Gedanken der Selbstverwirklichung sein, der Authentizität.

Von einer Gesellschaft der Individualisten sind wir m. E. weit entfernt! Seien wir ehrlich: Individualität kann – wenn überhaupt – nur graduell gemessen werden. Zudem hat der Kapitalismus den Individualitätsdiskurs längst durchdrungen, und so steht Individualität oftmals auf Lifestyleprodukten und -formaten wie

FM4, Red Bull usw., aber auch hier ist man rasch Teil eines Massenphänomens.

Das Geschäft mit der Selbstverwirklichung, mit der vorgegaukelten Einzigartigkeit des Seins boomt, und so gilt es, hier besonders achtsam zu sein, nicht Trittbrettfahrer, nicht Verfechterin einer wiederum extrinsisch motivierten, postmodernen Lebensmaxime zu werden.

Doch Tendenzen der Selbstbefreiung, Selbstentfaltung und Selbstverwirklichung sind durchaus ersichtlich und dies auch in Milieus und Szenen, die wir anfangs nicht im Sinn haben, wenn wir uns besagten Themen widmen.

Als Beispiel soll hier die „Metal-Szene" dienen: Aliza White-Gluzz, die Sängerin von Arch Enemy, einer schwedischen Melodic-Death-Metal-Band, spricht in so manchem Interview davon, dass die stilisierte Selbstzerstörung und der Kampf gegen das System für den Metal über Jahrzehnte hinweg gestanden ist, abnimmt und die Semantik des *„Just be yourself"* Einzug hält. Diese Umprogrammierung der Botschaften einer immer größeren Anzahl an Metal-Bands findet sich in so manchen Song-Texten wieder.[26]

An vielen Ecken und Enden in den diffusen Lebenswirklichkeiten der Postmoderne finden sich Anreize zur Selbstverwirklichung, zu aktiver Lebensgestaltung. Seminare, Workshops und Vorträge zu den Themen Vitalität, Lebensqualität, -freude usw. erfreuen sich großer Beliebtheit. All diese Angebote sollen Ausdruck einer noch nie dagewesenen gesamtgesellschaftlichen Suchbewegung sein: Noch nie hatten so viele Menschen so viele persönliche Freiheiten, so viele materielle und zeitliche Ressourcen, um sich wahrhaftig auf die Suche nach dem eigenen Selbst zu begeben. Und so streben der Kellner und die Architektin, der Hausmann und die Busfahrerin, der Maurer und die Fitnesstrainerin nach Sinn und Authentizität. Welche Inhalte werden Sie nun also in das Gefäß Ihres Bewusstseins füllen?

SINN

Ziel ist fern, Zweck ist nah.
Sinn ist tief, Zweck ist flach.
Ziel ist erreichbar, Sinn nicht.
Beetz (2012, 234)

Eingangs haben wir erfahren, dass sich unser gesamtes Sein auf zwei Grundbedürfnissen aufbaut: jenem der Erhaltung des Selbst und jenem der Weiterentwicklung desselben. Wir bezeichnen diese beiden als Bedürfnisse nach Sicherheit und Wachstum. Betrachten wir die Vorgänge der letzten Jahre in unserer Gesellschaft: Hier ein Krieg, da ein Krieg, hier ein Terroranschlag, da ein Terroranschlag, hier ein politisches Chaos, da eine Tragödie. Ich frage Sie, wie kann ein freies, friedvolles Leben geführt werden, wenn wir unser Bewusstsein stets mit solchen Inhalten füllen, wenn unsere Gedanken sich ständig um Angst, Mord und Totschlag drehen?

Die Antwort lautet: sehr schwer! Das „Weshalb" haben wir zur Genüge im vorangegangenen Kapitel erörtert, und so schreiten wir nun weiter auf dem Weg der Erkundung unseres Selbst.

I

Lassen Sie uns von Rousseau ausgehen, vom Bildnis eines in uns liegenden Kerns, das als Sinnbild für das höchstmögliche Potenzial zur Entfaltung des Einzelnen/der Einzelnen steht. Wir nehmen also an, es gäbe diesen Kern. Lassen Sie uns weiter davon ausgehen, dass wir zu besagtem Kern Zugang finden können und bezeichnen wir ebendiesen als permanente Wahrnehmung immanenter Bedürfnisse und Sehnsüchte, als Konnex des Bewusstseins mit Intuition bzw. Bauchgefühl.

Diese Verbindung mit unserem Innersten ist inmitten unserer Lebensalltäglichkeit ab und an greifbar, sei es im Zuge von Meditationen, sei es im Rahmen von außeralltäglichen Ereignissen, sei es in Gestalt einer Epiphanie oder sei es auch in Form von Widerstand, in Form von impulsiver Abwehr gegenüber Situationen, Anforderungen und/oder Personen, die ebendieser in uns wohnenden rousseauschen Entität nicht – oder nicht mehr – entsprechen.

Diesem Innersten, diesem heilen Kern stellen wir nun dessen größten Feind gegenüber – uns selbst. Denn im Verdrängen, im Überhören, im Nicht-wahr-haben-Wollen sind wir große Meister. So sind es die Selbstverweigerung wie auch die Selbstverleugnung, mit welchen wir uns geübt und geschickt davon abbringen, uns selbst zu schauen, das anzunehmen, was eben da ist, auch wenn es schmerzhaft ist.[27]

Die sich oben ergebene Polarität darf durchaus dialektisch gedacht werden, und so stellen wir uns die Frage, wie im Sinne eines stetigen Selbstverwirklichungsprozesses These und Anti-These synthetisiert werden können. Wie können also die beiden Antipoden aufgehoben und zu etwas Authentischerem werden?

Beschreiben wir erstmal jenes psychodynamische Szenario, bei dem inneren Impulsen nicht nachgegeben wird, der Status quo also aufrechterhalten bleibt. Betreffend das Thema „Verdrängung" darf die Antwort ungewohnt klar ausfallen: Wenn wir etwas leugnen, wenn wir unsere Aufmerksamkeit von diesem und jenem Anteil des Selbst fernhalten wollen, wird dieses unsagbare Etwas immer stärker an die Tür unseres Bewusstseins klopfen, wird sich *ante portas* immer mächtiger aufbäumen.

Ist die Stimme von all dem, was wir nicht annehmen wollen, anfangs noch sehr zart besaitet, so wird sie immer lauter, immer vehementer versuchen, an die vorderste Front des Bewusstseins zu gelangen. Das sanfte Lüftchen baut sich dann oftmals zu einer irrealen und dennoch als real erlebten Bedrohung auf.

Das Bild, das Grundgefühl betreffend das eigene „So-Sein", ebendas, was wir mit dem Begriff Identität bezeichnen, läuft Gefahr, auseinanderzubrechen.

Personen, die unter Angststörungen leiden – und es sind derer viele unter uns – unternehmen häufig heraklische Anstrengungen, um sich Selbstwirksamkeit zu beweisen, um sich zu bestätigen, im Leben zu stehen bzw. dieses bewältigen zu können – und sie tun es auch, um ebendies dem Umfeld zu beweisen, von welchem positives Feedback erwartet wird, welches wiederum als Nährboden für die eigene Identität dient. Denn das Streben des Einzelnen/der Einzelnen ist stets auf die Etablierung bzw. Aufrechterhaltung eines möglichst positiven Selbstbildes gerichtet.[28]

Es werden also permanente Kohärenzbemühungen vollzogen, um die Bilder, die wir von uns und andere von uns haben, so konstant und so vereinbar wie möglich zu halten. Doch der Drang nach Veränderung und/oder eben auch besagte Angst werden nicht weichen, und so wandelt sich das psychodynamische Szenario vom leisen Flüstern zu *Hannibal ante portas!* Das Lüftlein weicht brachialem Getöse.

An einem solchen Punkt hat man es oft selbst nicht mehr in der Hand, die Lebensrealität wandelt sich in Richtung stetig steigendem Leidensdruck, in Richtung Verunsicherung und innerer Rastlosigkeit. Nun ist die betroffene Person nicht mehr Frau bzw. Herr ihrer/seiner eigenen Lage, sondern empfindet sich vielmehr als Zaungast am Highway to Hell, als blinder Passagier auf einer Gefühlsachterbahn, die das eigene Sein in Mark und Bein erschüttert.

Was nun? Steckt man in einem solchen Tief, einem solchen Verlies der Angst, Verunsicherung und Perspektivenlosigkeit fest, ist eine radikale Lebensumstellung nicht mehr vermeidbar – häufig begleitet von Psychopharmaka und psychosozialer Beratung.

Wir wollen unsere Aufmerksamkeit nun aber in eine andere Richtung lenken. So lassen Sie uns abgehen von diesem kurz beschriebenen Worst-Case-Szenario. Die Frage, der wir uns nun stellen, lautet wie folgt: Wie können wir Tür und Tor für besagtes Lüftchen öffnen, bevor dieser wahrnehmbare, aber ertragbare Leidensdruck über Jahre und Jahrzehnte zu einer unabwendbaren Tragödie anschwillt? Was können wir tun, bevor wir ins Burnout, in die Depression schlittern und/oder sich andere psychosoziale Belastungsfaktoren in unserem Befinden und unserer Physis niederschlagen?

II

Wir werden immer wieder zu diesem Punkt zurückkehren, zur Selbstschau, zum singulären Ereignis des Beginns der Selbstschau. Hier wollen wir diesen Aspekt mithilfe der Frage nach dem Sinn erörtern, denn der Mensch der Postmoderne steht vor der Frage nach dem Sinn, die sich auf dem Nährboden von Sinnleere gründet.[29] Sinnleere impliziert die Absenz von Sinn, denn wenn Sinn vorhanden wäre, würde nicht danach gefragt werden. So sind viele von uns ohne Weg, da kein Ziel definiert wurde.[30]

Sinn *sui generis* kann nicht gegeben werden, sondern darf, ja, muss sogar gefunden werden.[31] Viele übernehmen tradierte Wertkonfigurationen oder übernehmen Sinninhalte von außen, wie sie von Massenmedien und auch von Protagonisten der Normalgesellschaft offeriert werden.[32] Andere begeben sich auf die Suche nach dem eigenen Weg, dem eigenen Sein – nach eigenen Wahrheiten.[33] Zu diesen wollen wir uns zurechnen!

So folgen wir nicht künstlich generierten Bedürfnissen, wie sie bereits im Jahre 1964 von Herbert Marcuse konstatiert wurden.[34] Wir lassen uns nicht verführen von „Must-haves" und „Must-dos", denn all diese gehen rasch einer tragenden Essenz verlustig, sind vielmehr Elaborate des Zeitgeistes. So gehörte es vor 30 Jahren zum guten Ton, dem Windsurfen zu frönen, um etwas darzustellen. Vor 20 Jahren galt es, dem Primat der Status-Gepflogenheit „Golfen" zu folgen, und derzeit müsse man doch unbedingt Weidmann oder Weidfrau sein, um etwas zu gelten.

Der dezente Auerhahnaufkleber auf der Heckscheibe des Audi A6 oder des Land Rovers zeugt von der Mitgliedschaft in einem elitären Zirkel.[35] Man gehöre zur oberen Schicht, habe Widerstände überwunden, habe die Chance der Permeabilität genutzt, man habe es geschafft – und doch verliert Frau/Mann oftmals viel dabei, wenn aufgrund permanenter Aufwertungsversuche des normalgesellschaftlichen Ansehens ureigene Sehnsüchte auf der Strecke bleiben. Der Virtus, welcher dem Ego schmeichelt, welcher dem Statussymbol des Jagdgewehrs, des Auerhahnaufklebers, welcher dem Besitz exquisiter Single Malts usw. anhaftet, geht so häufig auf Kosten der eigenen Wahrhaftigkeit und Authentizität.

Fühlen Sie sich angesprochen und besitzen bzw. tun Sie all dies, sind mit Leib und Seele bei der Sache, so bleiben Sie dabei! Gründet Ihr Antrieb aber in der Sehnsucht nach Anerkennung, in der Sehnsucht nach Selbstnobilitierung, im Wunsch der Besserstellung gegenüber anderen Menschen, so drängt sich die Frage nach dem individuellen, ureigenen Sinn des Lebens auf.

So wollen wir keine verlorenen Sinnsucher sein, welche Götzen des Konsumismus i. S. d. Anschaffung von Positionsgütern bzw. dem Bedienen von Positionsmerkmalen nachjagen, wollen nicht im Trott von Sachbezogenheit, aber auch nicht in der nie enden wollenden Aneinanderreihung von Freizeitaktivitäten feststecken. Denn die hiermit gewonnenen Glücksempfindungen, sie erhellen unser Gemüt nur kurz.[36] Die Ausrichtung des Bewusstseins, des Erlebens ist bei einem solchen Modus individueller Lebensführung stets auf Heilserwartungen, stets auf Imagination einer glücklichen Zukunft gerichtet. Das Erleben im Hier und Jetzt wird dabei häufig aus den Augen verloren.[37] So sind viele unter uns nie dort, wo sie gerne wären und – nie jene, die sie selbst gerne sein würden.[38]

Vielmehr wollen wir Pilger zum Selbst sein, wollen nicht rastlos stets fern von Heilserwartungen driften, sondern vielmehr echt und authentisch sein. Der Traum von Unabhängigkeit und Individualität beginnt wahrhaftig, indem wir uns von allen ideellen Parametern lösen und vielmehr unseren ureigenen Impulsen, unserer unmittelbaren Einzigartigkeit folgen.[39]

Die Postmoderne und der darin immanent enthaltene neokapitalistische Impetus verheißen persönliches Glück. So preist sich eine Vielzahl an Sinnanbietern an;[40] Sinnpluralismus ist gegeben, doch Sinnkompatibilität geht verloren. Der Weg zur Sinnkrise ist geebnet und dies nicht nur auf individueller Ebene, sondern auch im Sinne der Aktualität einer gesamtgesellschaftlichen Sinnsuch-Bewegung.[41]

Denn viele unter uns stellen sich nicht die Frage, wie sie dieses und jenes wohl erreichen können. Vielmehr sind wir gefangen in einer noch nie dagewesenen gesellschaftlichen Such- und Erprobungsphase, und so fragen wir uns, was wir eigentlich wollen, in welche Richtung wir unser Leben vorantreiben wollen.[42]

Ist es die Anschaffung einer „Deluxe-Kaffeemaschine", ist es die individuelle „Fassadengestaltung", um sich durch teure Markenkleidung von anderen abzuheben usw., die uns glücklich macht? Viele unter uns werden diese und ähnlich gerichtete Fragen mit „nein" beantworten. Denn uns treibt ein tieferes Bedürfnis an, nach Sinnhaftigkeit, nach Bedeutung, nach Herzerfüllung. Genau dieses ist unsere Triebfeder, aus sinnentleerten Seinszuständen auszubrechen, um eine authentische Lebensweise zu etablieren.

III

Lassen Sie uns noch kurz über Stress sprechen. Mein Bestreben ist hypothetischer Natur und nähert sich doch mit hoher Wahrscheinlichkeit einem gesellschaftlichen Tatbestand an. Denn es drängt sich mir stärker und stärker die Gewissheit auf, dass sich Sinn und Stress gegenseitig ausschließen, verorten sich diametral zueinander wie die Fantastischen 4 und das Rödelheim Hartreimprojekt in der deutschen Hip-Hop-Szene der 1990er-Jahre oder wie Max Weber und Gustav Schmoller im berühmten Werturteilsstreit – das eine bekämpft das andere.

Zum einen – so kann man durchaus behaupten – drängen uns Kräfte und Dynamiken unserer Gesellschaft in Richtung Überforderung. Aufgrund des Verlusts von Solidaritätsnetzwerken wie Familie und Nachbarschaft, aufgrund immer häufigerer Veränderungen des Wohnorts[43], aufgrund der stetigen Zunahme von Freizeitstress[44], aufgrund der Beschleunigung unseres Lebens im Allgemeinen[45], aufgrund ständiger Überreizung durch digitale und soziale Medien, bilden wir gemeinsam eine „Stress-(Gefahr)-Gesellschaft".

Zum anderen verfügt Stress auch über einen Nutzen! Er kann dazu dienen, unbemerkt Prokrastination zu betreiben. So schieben wir die Notwendigkeit der Beantwortung unserer „Sinnbedürfnisse" oftmals über Jahre, ja sogar Jahrzehnte hinweg hinaus. Man habe nun keine Zeit für dieses und jenes, das Haus müsse fertig gebaut werden, dieses und jenes müsse erreicht werden usw. Zeit fürs Betrauern tragischer Ereignisse bzw. schwieriger Situationen, Zeit für Müßiggang, für Lebensqualität und Sinn bleibe spätestens in der Pension. Bald werde man alles nachholen, das tun, was man schon immer tun wollte. Wir alle kennen vermutlich biografische Verläufe aus unserem Bekannten-, Familienoder Freundeskreis, bei denen ein ebensolcher Plan nicht aufging. Sinnerfüllung blieb aus, einst vitale Lebendigkeit wurde von Depression, Krankheit, Demenz usw. erdrückt.

Mit im Konvolut des oben angerissenen Biografieverlaufs findet sich das „Burn-out-Syndrom", das sich als „Infarkt der Seele" erweist, als ein Ausgebranntsein, als ein Zustand absoluter körperlicher und psychischer Erschöpfung. Stress und daraus resultierendes

Burn-out sind längst zu Volkskrankheiten geworden, und wenn wir ehrlich sind, gehört diese Thematik bereits seit einigen Jahren zu unserer Lebenswirklichkeit. Es überrascht kaum mehr, dass diese und jene Person sich eine Auszeit nehmen muss oder sogar in die Berufsunfähigkeit schlittert.

Stress ist normal geworden, immer wieder überfordert zu sein gehört in manchen Berufsbranchen bereits zum guten Ton. So viele geben alles, pushen sich oftmals gegenseitig als Protagonisten eines Zirkels der Gestressten.[46] Oftmals sind wir bemüht, in einem möglichst hochbezahlten Job unser Dasein zu fristen, den wir gerade noch aushalten.[47] So tragen wir ein Joch, eine Bürde, um oftmals künstlich generierten Bedürfnissen nachzueifern und verstricken uns immer stärker im Strudel der Sinnleere.

Der einzelne Mensch, aber auch eine Gesellschaft als solche, strebt nach Ausgleich, nach Homöostase. So ist der Wellness-Boom, so sind Ausbruchs- und Fluchtfantasien nicht nur Symptome individueller Bedürfnislagen, sondern auch Gradmesser für gesamtgesellschaftliche Schieflagen.[48] Deren Auswüchse werden in der nachfolgenden „Schatzkiste voll Lebensweisen" Thematisierung finden. Viele Menschen aus postindustriellen Nationen sind getrieben von Sehnsüchten, dem Wunsch nach einem einfacheren, glücklicheren Leben, wie sie etwa in der dystopischen Aussteigerfantasie „Der Strand" von Alex Garland verarbeitet werden.[49]

Durch die obige Erörterung verstehen wir nun die Existenz von Sinnbedürfnisse als Gegenreaktion auf massive gesellschaftliche Zwänge, genährt von all dem, was in der Lebensalltäglichkeit von vielen zu kurz kommt. War die Schaffung von Eigentum und materieller Sicherheit in den Dekaden nach den beiden großen Kriegen des vergangenen Jahrhunderts noch dominant, so stehen nun oftmals Aspekte der Selbstverwirklichung und der persönlichen Freiheit im Vordergrund. Ein Beispiel: Als oft bemühtes Sinnbedürfnis der Gegenwart erweist sich der hohe Stellenwert von Zeit – und dies aufgrund deren Knappheit.

Viktor Frankl[50], der große Apologet der Sinnfindung, sprach noch von dem „einen" Lebenssinn, welchem eine besondere sakrosankte Bedeutung zuteil wurde, einem Sinn, der nicht gegeben, sondern nur gefunden werden kann. Wir geben Frankl in Bezug auf die zentrale Bedeutung des dem Menschen immanenten Sinnbedürfnisses recht, doch wollen wir Sinn nicht im Singular denken! Vielmehr wenden wir uns einem polyformen Zugang zu, einer geselligen Ansammlung unterschiedlicher „Sinne".[51]

Diese ontologische Erweiterung des Sinnbedürfnisses erlaubt uns, unsere Identität auf sichere Beine zu stellen, da anstatt einer tragenden Säule nun das Dach unserer Sinnkonstruktion von mehreren Säulen gestemmt wird. So sind wir Mensch, sind *homo migrans,* sind Teil der menschlichen Kulturgeschichte und finden uns ausgestattet mit mehreren „Lebenssinnen". Auf welches Kaleidoskop an Lebenssinnen können Sie bereits bauen?

TEIL 2: MENSCH-SEIN

Seit Millionen von Jahren ist der homo migrans,
der durch die Welten und die Zeiten wandernde Mensch,
unterwegs – ein Suchender, ein Entdecker
... auf dem WEGE zu sich selbst.
(Petzold 1988 nach ebd. 2005)

MENSCH-SEIN AN SICH

Vorab bedarf es einer Klarstellung: Kommunikation funktioniert nur in den seltensten Fällen! Wir alle verfügen über vielzählige Prägungen, manche sind ähnlich, manche grundsätzlich verschieden. Gepaart mit unserer Physis, unserem genetischen Erbe, unseren kognitiven und emotiven Fähigkeiten modelliert sich in Kombination mit unserem einzigartigen Wissens- und Erfahrungsschatz eine kulturell und historisch determinierte, aber dennoch individuelle Art und Weise, das eigene Leben, die Zusammenhänge in der Welt wahrzunehmen, zu interpretieren, zu sehen und zu empfinden. Ein Beispiel: Denken Sie bitte an die Farbe „Rot"...

Allergrößter Wahrscheinlichkeit nach ist Ihr Bewusstsein – ohne Kommando Ihrerseits – dazu übergegangen, zu assoziieren. Die Farbe „Rot" ist in Ihrem Wissens- und Erfahrungsvorrat mit Erlebnissen, Gegenständen, Gefühlen usw. gekoppelt, und ebendiese Verknüpfungen wurden aktiviert. So kann es sein, dass Sie an Liebe, an eine Rose, an Leidenschaft dachten, es kann aber auch sein, dass Sie an Ihr rotes Auto dachten, welches Sie in den 1980er-Jahren fuhren, womöglich haben Sie an den Besuch der Stierkampfarena in Sevilla gedacht oder etwa auch an Rage, Wut, Zorn und Krieg.

Die Liste an möglichen Beispielen könnte noch fortgeführt werden, doch wollen wir uns nicht mit einer endlosen Aneinanderreihung möglicher innerer Bilder aufhalten, vielmehr ist es mir ein Anliegen zu verdeutlichen, dass in diesem Buch verwendete Begriffe wie „Wachstum" oder „Veränderung" bei einer jeden Person der Leserschaft andere Bilder im Bewusstsein entstehen lassen, ebenso verhält es sich mit emotionalen Resonanzen.

Was schließen wir daraus? Nun, es ist davon auszugehen, dass eine jede Person, die dieses Buch liest – dies gilt selbstverständlich für jedes Buch dieser Welt –, die Inhalte etwas anders versteht und somit auch etwas anderes für die eigene tägliche Lebensführung und -bewältigung mitnimmt.[52] Die Welt besteht somit nicht aus einer allgemeingültigen Realität, vielmehr leiten uns Konstruktivismus wie auch Phänomenologie zu einer plausiblen Letztkonsequenz: der Existenz von etwa 7,5 Milliarden individuellen Realitäten.

Diese Einleitung hat dazu gedient, unsere oftmals verengten Ideen und Vorstellungen von der wahren Gestalt, dem Realen, aufzubrechen und uns der Flüchtigkeit unseres Selbst, wie auch all dessen, was wir glauben zu wissen, vor Augen zu führen, um das eigene Bewusstsein neugierig und hungrig auf Neues zu machen.

I

Über die Anthropologie des Menschen, also über dessen phylo-genetische wie auch ontogenetische Beschaffenheit, ließen sich Bände füllen. Wir wollen hier Mensch-Sein so definieren, wie es der Eichung unseres philosophischen Reisekompasses dient, damit der Inhalt, damit die grundlegenden Gedanken akkurat in unser Sein sickern können.

Wie kann nun Mensch-Sein definiert werden? Das was typisch weiblich ist, wird aufgeweicht, ebenso erodieren typisch männ-liche Attribute. Auch Kohorten und einst festgefahrene Biografien werden aufgeweicht, der einzige Lebensgefährte/die einzige Lebens-gefährtin, Jobkonsistenz über Jahrzehnte hinweg usw. gehören immer mehr der Vergangenheit an. Diese sozialen Benchmarks, sie erodieren, alles scheint möglich – oder zumindest vieles.[53]

Zum einen trägt eine jede Person von uns „klassisch gefärbte" Identitätsaspekte in sich, zum anderen weichen wir teils geringfügig, teils deutlich von den Paradigmen der Normalgesellschaft ab. Die ganze Angelegenheit wird nun etwas komplexer, da sich die Beschaffenheit unseres Selbstbildes als höchst volatil herausstellt, stark von momentanen Befindlichkeiten determiniert wird.

Vermutlich sehen Sie sich jetzt etwas anders, als Sie es im Zuge der letzten privaten oder beruflichen Krise gesehen haben. Vielleicht definieren Sie sich an Montagen in manchen Punkten konträr zum Selbstbild an Freitagnachmittagen. Vermutlich differiert Ihre Selbsteinschätzung sogar, wenn Sie sich um 07:00 Uhr und um 19:00 Uhr desselben Tages beschreiben müssten.

Bei mir verhält es sich so. Nach einem gelungenen Coaching habe ich häufig das Gefühl, die Welt könne nicht groß genug sein. Wenn ich hingegen über Finanzpläne brüten musste, die einer Gemeinde oder dem Land Steiermark vorzulegen waren, fühlte ich mich nicht so selbstbewusst, sondern vielmehr als kleines Rädchen einer erdrückenden Maschinerie – deshalb beendete ich besagte Tätigkeit. Das, was wir tun, wirkt stark auf all das ein, was wir fühlen und denken, und schlussendlich, wie wir uns selbst sehen!

Unsere Identität, also unser Bild von uns selbst wie auch das Bild von jenem Selbst, das wir gerne anderen präsentieren möchten, ist äußerst flüchtig, es sind Momentaufnahmen von Raum und Zeit. So sind wir in einer Zwickmühle, sind einerseits um ein konstantes Selbstbild wie auch um ein konstantes Von-außen-gesehen-Werden bemüht. Andererseits spüren wir auch, dass wir dieser inneren und äußeren Erwartungshaltung nur bedingt gerecht werden können.

Hierbei gilt es, stets eine wesentliche Dynamik vor Augen zu haben: Die permanent vollzogene „Identitätskonstruktion" strebt stets ein positives und stabiles Selbstbild an.[54] Dies vollzieht sich nicht nur auf Ebene der Kognition, sondern auch der Emotion. Wir wollen ganzheitlich denken und somit Identität auch als ureigenes Selbstgefühl verstanden wissen.[55]

Bedienen wir uns eines pejorativen Menschenbildes, können wir Mensch-Sein als amateurhaften Versuch verstehen, dem eigenen Dasein Konsistenz zu verleihen.[56] Wir „basteln" unsere Existenz und dies unablässig, denn Identität kann nicht bewahrt, sondern nur fortwährend reproduziert werden. Wir folgen dem Credo „doing consistence of myself". Positiv – im Sinne von Self-Empowerment – betrachtet haben wir unser Leben selbst in der Hand, sind die Schaffer unserer eigenen Biografie, Lebenswirklichkeit und somit Identität![57]

So ist der Mensch per se *homo viator*, ist *homo peregrinus*, ist Wanderer, „Wallender" durch die menschliche Kulturgeschichte wie auch durch die eigene Biografie. War der christliche *homo viator* des Mittelalters ein Nachfolger Jesus Christi, des Apostel Paulus, der mönchischen Lebensweise auf dem Weg zum „himmlischen Jerusalem"[58], so ist der Mensch der Gegenwart *homo migrans*, wandelt durch die Kulturgeschichte auf dem Weg zu sich selbst.[59]

Der Weg ist das Ziel – der Weg der einzelnen Person, aber auch der Weg einer jeden Gemeinschaft, Gesellschaft, eines jeden Kulturkreises.

II

Wir können nicht mehr in reduktionistischer Beschränktheit verharren. Es gilt vielmehr, die Komplexität der eigenen Existenz zu schauen, nicht in Schwarz oder Weiß zu denken, sondern in Myriaden von Grauzonen zwischen diesen beiden Extremen.[60] Der Weg durch diese Vielschichtigkeit ist in der Regel nicht einfach, Angst, Selbstzweifel und Anomie sind bekannte Weggefährten, doch stehen für uns – in größtmöglicher Abstraktheit gedacht – nur zwei Wege bereit.

Der eine ist der Weg des Verdrängens, des So-Seins, wie wir glauben, von außen, von den anderen gewollt zu sein. Der andere Weg gründet auf der Prämisse, dem eigenen Herzen Raum zu geben und diesem auch zu folgen. In einem ersten Schritt drängt sich eine entscheidende Frage auf, und wir dürfen sie ganz naiv stellen: Was ist die Stimme des Herzens? Nun, Aristoteles sprach bereits von „Potenz" und „Aktualität", sprach vom bestehenden Potenzial zu Beginn eines Menschenlebens, aus dem sich über die Jahre hinweg klarer und deutlicher die Konturen der Persönlichkeit eines reifen Menschens herausbilden (Aktualität).

Erlauben Sie mir, ein Beispiel aus der bildenden Kunst zu bringen: Vor der Erschaffung des Davids hatte Michelangelo lediglich einen großen Gesteinsbrocken vor sich. Er vermochte aber dessen künftige Aktualität zu erblicken und „schälte" sozusagen mit Hammer und Meißel die Skulptur des Davids aus dem indifferenten Felsbrocken heraus. David war schon immer da, doch konnte er nur von Michelangelo vorab erblickt werden.

Ähnlich verhält es sich im Zuge unseres Aufwachsens. Die eine oder andere Person unseres nahen Umfelds erfasst die eigene wahre Gestalt und hilft uns zu entfalten, was da in unserem Herzen schlummert. Dies kann durch Gespräche, durch gemeinsame Tätigkeiten, durch Empowerment, durch die Finanzierung von Musikunterricht usw. erfolgen. Andere wiederum verformen uns, nehmen uns etwas weg, das sich leicht und gut anfühlt und/oder fügen etwas zu unserer ureigenen „Persönlichkeitsskulptur" hinzu, was wir gar nicht sind. Jetzt, hier, heute besteht die Möglichkeit, im Zuge einer Selbstevaluation alle originären Anteile, aber auch alle Deformationen zu erkennen.

Ein grundlegender anthropologischer Gedanke soll hierzu noch erwähnt sein. Vermutlich ist es der geisteswissenschaftlich versierten Leserschaft bereits aufgefallen, und dennoch ist es wichtig, die nun folgende Grundüberzeugung zu explizieren, da sie den Nährboden darstellt, aus dem alle Gedanken unserer philosophischen Reise hervorsprießen.

So manche Philosophen, Soziologen und Pädagogen vertraten – und vertreten – die Überzeugung der Formbarkeit des menschlichen Individuums. Adolf Portmann[61] bezeichnete das menschliche Neugeborene als „physiologische Frühgeburt". Wenn wir die Geburt eines Rehs betrachten, so kann das soeben geborene Kitzlein bereits nach wenigen Minuten dem Schritt der Mutter folgen. Der Mensch bedarf vieler Jahre der Obsorge, bis er den Eltern in ihrem Alltag folgen kann, bis er zu einem eigenständigen Mitglied der Gesellschaft wird.[62]

Die unzureichende physiologische Ausprägung des menschlichen Babys führt Portmann auf die Offenheit für kulturelle Prägungen zurück. Der Mensch an sich ist somit noch keineswegs „fertig", wenn er geboren wird, ist vielmehr als *tabula rasa* beschreibbar und formbar. Diese Formbarkeit ist Vorbedingung für die weitreichenden Variationen des Mensch-Seins im Kosmos von Kontext und Kontinuum. So war „Frau-Sein" vor einigen hundert Jahren in unseren Gefilden radikal anders determiniert als in der Gegenwart. Ebenso transformierte sich „Mann-Sein" im Zuge der Phylogenese unserer Kultur. Variationen sind nicht nur auf der Zeitachse erkennbar, sondern auch bezogen auf den Kulturkreis: Plausiblerweise weichen die Assoziationen und Determinanten rund ums Frau- bzw. Mann-Sein in Deutschland von jenen in China oder Tansania ab.

Ein Maß an kultureller Prägung, wie auch der Zügelung von Affekten, ist für das Funktionieren einer Sippe, eines Stammes, einer Gemeinschaft, einer modernen Zivilgesellschaft unabdingbar. Ansonsten würde das Recht des Stärkeren gelten – und dies mussten bereits viele unserer Vorfahren am eigenen Leib erfahren, ebenso wie es wir am eigenen Leib im Sandkasten, im Kindergarten usw. im Zuge unseres Heranwachsens erfahren mussten.

Kinder unter sich sind häufig grausam, und so positioniert sich das Buch bzw. der darauf basierende Film „Herr der Fliegen" als Mahnmal anarchischer, zügelloser Zustände. Unser aller „Triebschicksal" – der Prozess der Regulierung und Sublimierung von Affekten – begann sehr früh im Zuge unserer Genese, und so können wir uns gar nicht ausmalen, wie es wäre, wenn das freudsche „Es" das entgegengestellte „Über-Ich" stets dominieren würde oder wenn wir über kein Über-Ich, kein Gewissen verfügten.

Es bedarf also einer gewissen Prägung durch unsere nächsten Menschen, damit in uns anfangs das Gefühl von Reue entsteht, wenn wir unter Gegenwehr einem Spielgefährten/einer Spielgefährtin die Schaufel beim Sandkastenspielen entreißen. Aus Schuldgefühlen wird in unseren ersten Lebensjahren unser Über-Ich aufgebaut. Hierbei geht eine Internalisierung der strafenden Erziehungsperson vonstatten.

Ein Beispiel soll uns helfen, das theoretisch Erklärte fassbar zu machen: Wenn wir in einer monogamen Partnerschaft leben und uns dabei ertappen, eine andere Person attraktiv zu finden, so fühlen wir uns häufig schlecht und schuldig, auch wenn wir nicht mal mit dieser Person geflirtet haben! Das Über-Ich straft uns bereits, wenn wir nur an etwas denken, das nicht der eigenen Moral und der internalisierten elterlichen bzw. normalgesellschaftlichen Moral entspricht. Die christliche Moral hat dies durch die permanente Angst vor dem Fegefeuer ins Extrem getrieben und Müßiggang als „Sakrileg" der protestantischen Ethik[63] stigmatisiert. Doch auch Atheisten und Agnostiker können nicht vor dem eigenen Über-Ich fliehen.

Um gesellschaftsfähig zu werden, zu sein und zu bleiben, entsteht in uns eine Moralinstanz, die dafür sorgt, dass wir nicht ausfallend sind. Wir werden uns später mit den Schattenseiten dieser uns innewohnenden Entität auseinandersetzen, denn das Über-Ich fragt nicht, ob durch die Kontrolle des eigenen Gefühlshaushalts und somit des eigenen Lebens ebendieses noch lebbar ist. Seine Programmierung ist simpel: Es hält stets an einem moralisch untadeligen Bild fest, einem wie auch immer gearteten Ich-Ideal. Liegt dieses Ideal fern der Realität, fern des Machbaren, so ist der

Weg in Richtung permanenter Ängstlichkeit, der Weg in Richtung depressiver Episoden geebnet.[64]

Entsprach das Ich-Ideal den Werten der protestantischen Ethik, so war jener Mensch, der den Lehren Calvins folgte, angehalten, in jedem Moment seiner qualvollen irdischen Existenz geschäftig zu sein. Ein kurzer Moment der Ruhe und der Entspannung genügte bereits, sich auf Qualen im Fegefeuer einstellen zu müssen. Mittlerweile wurde jenes Schreckensgespinst bereits weitgehend aus dem kollektiven Bewusstsein entfernt und somit auch die Kontrolle ausübende Allmacht des Über-Ichs, die damals durch die Angst vor einem strafenden Gott befeuert wurde.

Heute gründet sich das Über-Ich nicht mehr auf die Instanz eines zwielichtigen, allmächtigen Demiurgen, sondern auf andere internalisierte Machtinstanzen, wie strafende Eltern, autoritäre Lehrpersonen usw. Als Faustregel gilt: je restriktiver die Kinderstube, desto mächtiger das Über-Ich. Im Umkehrschluss impliziert dies einen schwächeren Hebel besagter internalisierter Bilder, wenn die Erziehung einem Laissez-faire-Prinzip oder Ähnlichem folgte.

Unabhängig davon, ob die oben besprochene internalisierte Moralinstanz stark oder schwach ausgeprägt ist, wird durch diese dennoch das eigene Ich-Sein, die eigene Identität geformt, und das bis zu unserem Lebensende. Für die Erörterung in diesem Kapitel genügt es, die Existenz dieser im Kleinkindalter entstehenden und im Kindesalter bereits manifesten Moralinstanz anzuerkennen, ebenso wie die Gewissheit gesamtgesellschaftlicher Tendenzen, die sich von Epoche zu Epoche, von Kulturkreis zu Kulturkreis, von Milieu zu Milieu massiv unterscheiden können.

Da ich in den Bergen lebe, drängt sich mir nun die nachfolgende Metapher auf: das Bildnis einer einsamen, wunderschön gelegenen Berghütte, die als Synonym für den eigenen Gefühlshaushalt, das gegenwärtige Befinden steht. Diese Vorstellung wird häufig mit Ruhe, Beschaulichkeit und einer gewissen wohltuenden Distanz vom Moloch „Alltag" assoziiert.[65]

Die Berge rund um die besagte Hütte können nun als beschützend wahrgenommen werden, aber auch als bedrohlich. Ebenso ergeht es uns mit den Menschen um uns, mit der Arbeitswelt, mit der Gesellschaft per se. Einerseits kann sie uns Schutz bieten, andererseits kann sie zu Unwohlsein führen. Wenn in den Bergen ein Felssturz, eine Schnee- oder Schlammlawine droht, ist die Berghütte in Gefahr, wir fühlen uns bedroht und haben Angst. Ebenso verhält es sich mit den Dynamiken der Gesellschaft, sie kann uns Angst machen. Angststörungen sind seit Jahren im Vormarsch, und somit ist die Metapher keineswegs an den Haaren herbeigezogen.

Was hat dies nun mit dem Mensch-Sein an sich zu tun? Nun, so manche Strömung, beispielsweise der militärische Drill, der von Preußen aus Einzug in unseren Erziehungsstil fand, oder auch die Einforderung von Strenge und Disziplin durch vielzählige christliche Glaubenslehren, sie alle leben zum Teil noch in uns fort und haben die Berge immer näher an die Almhütte herantreten lassen, verhinderten den Einfall von Sonnenlicht. Dieses Formen der Menschen führte zu massiven Verformungen von Generationen, zur Nichtentfaltung des oben besprochenen Potenzials.

Der so gezüchtigte Mensch hatte wenig Raum, wenig Möglichkeiten, sich kindliche Leichtigkeit, Spontaneität, Kreativität und Fröhlichkeit zu bewahren. Vielleicht verhärtete sich das Gefühlsleben der einen oder anderen besagten Person im Laufe des Heranwachsens zu einem Herz aus Stein. Ein jeder von uns kennt diese Geschichte, und wir erfahren ab und an, dass jene herrscherische Mutter, jener überstrenge Vater im gereiften Alter unerwarteterweise liebevoll und empathisch den Enkelkindern begegnen kann.

Selbst Schopenhauer wird Milde im Alter nachgesagt. Dies kann als Verlust von Lebenskraft interpretiert werden, wir wollen unsere Gedanken jedoch in eine andere Richtung dirigieren. So folgern wir: In einem jeden Menschen lebt ein „heiler" Kern, ein intaktes Innerstes. Jean-Jacques Rousseau postulierte ebenfalls die Existenz eines solchen immanenten Kerns, welcher als *fons et origo* unser selbst einen Plan in sich trägt. Somit kann ein jeder/ eine jede zur Aktualität von Michelangelos Davids heranreifen.

Wissenschaftlich entbehrt diese Sichtweise des Menschens einer fundierten Grundlage, doch meine Lebenserfahrung, wie auch der Glaube an das Gute im Menschen, treiben mich an, hier dem Geiste Rousseaus zu folgen.

Immer wieder berichten Eltern, dass bei Babys bereits nach wenigen Wochen ihres Daseins bereits gewisse Charakterzüge sichtbar sind, und so bin ich fest der Überzeugung, dass abseits sämtlicher biologischen und gesellschaftlichen Einflussfaktoren etwas Einzigartiges in einem jeden von uns wohnt. Es gilt, lediglich – ich weiß, es ist so leicht gesagt(!) – diesen Kern, dieses unverfälschte Selbst, aus dem Kokon der eigenen Vita mit all ihren biografischen und über Jahrhunderte hinweg tradierten Fesseln zu befreien.

Die „philosophische Reise der Selbstfindung" will nun kein Pamphlet wider die Tradition, sondern Apologetin für das Mensch-Sein an sich sein. Sie will die Leserin/den Leser begleiten und Mut machen, sich selbst zu schauen, in der eigenen Imperfektion mit allen Ängsten und Zweifeln, aber auch Ressourcen und Stärken.

III

Wir sind Individuen in Kontext und Kontinuum, leben im Hier und Jetzt eingebunden in unsere soziale Realität. Unsere Identität ist immer eine Momentaufnahme, ist jetzt so, ist in einer Stunde bereits etwas anders. Vielleicht sind wir gegenwärtig genervt und wollen unsere Arbeit hinschmeißen, und des Nachts könnten wir im Zuge eines Liebesabenteuers die Welt und all die darin wohnenden Menschen voll Liebe umarmen.

Identität ist schwer fassbar, und ebenso verhält es sich mit unserem Seelenleben, unserem Un(ter)bewussten. Zu verstehen, einigermaßen zu erfassen, wer wir sind, bedarf einer gründlichen, langjährigen Selbstschau und -erfahrung. Dies ist der Komplexität unseres Innenlebens jedoch noch nicht genug. Während sich die Identität an den Strukturrahmen von Kontext und Kontinuum hält, verfügt die Entität des Un(ter)bewussten über das Wesensmerkmal der Gleichzeitigkeit.[66]

Was ist darunter zu verstehen? Nun, alles was wir erlebt haben, ist in uns abgespeichert – und dies bereits von unserem pränatalen Gestade an. Angenommen, ein Paar trennt sich, während die Frau schwanger ist. Besagte werdende Mutter empfindet große Trauer, Verzweiflung usw. Vermutlich wird sich ebendiese Lebenskrise massiv auf das Urvertrauen im späteren Leben des derzeit noch ungeborenen Kindes auswirken. Wenn dieses Kind dann zum jungen Erwachsenen heranwächst, können sich unbegründete Ängste, ein unsicheres Bindungsverhalten, ein Hang zu depressiven Verstimmungen einstellen. Denn für das Un(ter)bewusste co-existieren sämtliche Gefühlswelten, der junge/die junge Erwachsene sind also beides: erwachsen, aber auch ein traumatisierter Fötus.

Nun wird es etwas klarer, weshalb wir so vieles nicht mit unserem Willen lösen können. Denn wir können uns tausende Male einschärfen, dass ebendies der richtige Partner/die richtige Partnerin sei, dass wir keine Angst mehr vor unserem Chef haben sollen, da er auch nur ein Mensch sei, dass wir Lebensfreude empfinden sollen, weil ja alles im Leben in Ordnung sei. Der Wille wird uns nur zur Verbitterung und somit zugleich zum Scheitern führen.

Das ontologische Gesetz der Gleichzeitigkeit unserer Innenwelten zwingt uns, nicht in verhaltenstherapeutischer Manier im Hier und Jetzt zu agieren, sondern das Heil in der Vergangenheit zu suchen. Natürlich werden Sie nun sagen: „Die Vergangenheit ist doch vergangen, die war so, wie sie war, da kann ja nichts mehr geändert werden." Zum einen haben Sie recht, die Situationen, die Vorfälle und Bewandtnisse der Vergangenheit sind in die DNS der Raum-Zeit-Achse unlöschbar eingeprägt. Doch zum anderen können wir an unserer Angst, unserer Unsicherheit, an unserem Schmerz, an unserer Wut arbeiten, die aus all dem Vergangenen resultiert.[67]

IV

Tun wir dies nicht und wollen wir uns selbst nicht schauen, so entsteht häufig das, was wir wie folgt „Fassaden-Identität"[68] nennen wollen. Häufig ermöglicht uns eine problembehaftete Kindheit besser, eine klare Identität zu entwickeln als eine scheinbar „gute". Denn in manch „guter" Kindheit, in der man alles bekam, können Loyalitäten zum einen oder anderen Elternteil uns davon abhalten, eine eigene Identität zu entwickeln, sie können uns sogar von unserem Selbst distanzieren.[69]

Als unmündiges Anhängsel, das häufig autoaggressiv und orientierungslos dahindriftet, ist es zumeist besonders schwierig, ins Erwachsenendasein starten zu müssen. Denn wenn ein Mensch sich stets nach den Anpassungs(an)forderungen und Erwartungen der Umwelt richtet, kann plausiblerweise in den Gefilden des eigenen Selbst kein tragender Selbstbezug entstehen. Hier geht es also nicht um Empathie, geht es nicht um eine soziale Ader, sondern vielmehr um eine grundlegende Störung des (Er-)Lebens.

Fassaden-Identitäten gründen sich stets auf Kindheiten, in denen sich besagte Personen mit ambivalenten und/oder unsicheren Familiensystemen konfrontiert sahen. Die Strategie der Aneignung eines solchen Selbstkonzepts macht im Zuge des Heranwachsens durchaus Sinn, sie ist eine Überlebensstrategie, hilft der betroffenen Person, sich irgendwie durch Kindheit und Jugend hin zur Adoleszenz zu wursteln. Doch im Erwachsenendasein kann eine solche innere Konstellation uns so weit von uns entfernen, dass wir innerlich abstumpfen, dass weder Freud noch Leid empfunden werden kann.

Gesellschaftlich tradierte und weitergetragene Idealbilder tragen das ihre dazu bei, uns soweit nach den Wünschen der Gesellschaft, des nahen und fernen sozialen Umfeldes zu richten, bis der Kontakt zum Selbst, bis der Zugang zur ureigenen Gefühlswelt vollkommend gekappt ist.

Eiferten und eifern nicht viele junge Männer Körperidealen nach, die in den 1980er-Jahren von Sylvester Stallone und Arnold Schwarzenegger implementiert wurden? Versucht so manche Frau nicht mit Härte und einer Manier der Selbstkasteiung bzw. -askese Schlankheitsidealen nahezu- kommen, um dann doch nur zu scheitern?

Wie sind nun Fassaden-Identitäten beschaffen? Wie kann man sie bei anderen erkennen und wie auch bei uns selbst? Wir können zwei generalisierbare Charakteristika festmachen: Zum einen bemüht sich das Individuum nach außen hin perfekt, kompetent zu wirken, trägt gegenüber der Umwelt eine „Alles-Klar-Maske", ist stets bemüht, „gut drauf" zu sein. Zum anderen fürchtet ebendieses Individuum massiv Kontrollverlust.[70]

Wir können hier von „Frau-Kindern" bzw. „Mann-Kindern" sprechen, die von früher Kindheit an lernten, ihr Sein nach den Anforderungen der Umwelt auszurichten, was auf Kosten der Entfaltung der eigenen Persönlichkeit geht. Diese „erwachsene" Frau, dieser „erwachsene" Mann begegnet uns an jeder Straßenecke. Das emotionale Innenleben ist jedoch rudimentär, verharrt in Latenz, drängt zur Entfaltung und darf es nicht aufgrund ureigener Selbstzwänge. Dem Drang nach Wachstum und Entfaltung stehen hier die Bestrebungen des Über-Ichs, das innere Ideal-Bild i. S. eines inneren Wunschbildes – dem ohnehin ungenügend entsprochen wird – entgegen.

Diese Menschen sind häufig lebendig, unternehmungslustig, scheinen uns fernab jeglicher Symptome von Ängstlichkeit und Depression, und dennoch erweisen sich in diesem Falle Hedonismus, Vitalität und Offenheit als jene Seite einer janusköpfigen

Identität, welche Weigerung zur Verantwortung, welche Verharren in Infantilität verdecken möchte.[71]

Das innere Kind und die innere erwachsene Person ziehen hier nicht an einem Strang, vielmehr widerstreben sich diese beiden Entitäten auf dem Weg zu einem reifen Selbst. Wir sprechen in diesem Zusammenhang vom „Peter-Pan-Syndrom": Dieses gilt nicht nur für „Peter", sondern klarerweise auch für „Petra" und meint die Weigerung, erwachsen zu werden, die Weigerung, sich selbst zu schauen, die Weigerung, Verantwortung für das eigene Sein zu übernehmen. Petra und Peter sind häufig bei jedem Spaß dabei, wechseln Jobs und Freundschaften wie Unterhosen, lassen sich treiben im Fluss des Moments. Dieser Lebensstil zeigt sich durch rastloses Umherdriften, als Ausdruck einer Verwurzelungs- und Festlegungsphobie.[72]

Genau dieser Lebensstil mutet verführerisch an, und Aussteiger, die wir hier als „Umsteiger" bezeichnen, verkörpern ebendiesen Modus der Lebensweise *par excellence*. Doch in etwa ab dem Altersbereich von 40 bis 45 Jahren kehrt sich das vogelfreie Sein, das so häufige Streben nach spontaner Lusterfüllung in Sinnleere, oftmals in Lethargie und Depression um.[73] Das Gros der Umsteiger, die ich getroffen habe, frönt tagtäglich dem Alkohol wie auch der täglichen Zufuhr cannabinoider Substanzen. Denn die vorhandene Zeit an wohltemperierten Stränden dieser Erde, die zuhauf vorhanden ist, drückt in ihrem Ungenütztsein mehr und mehr aufs Gemüt. Das Seinspostulat von Erich Fromm entpuppt sich zum größten Feind ebendieser Protagonisten: Vor allem ungelebtes Leben, wie das Fehlen von Produktivität, Familiengründung, Schaffung von Eigentum, Verwurzelung usw. bringt ein beachtliches Ausmaß an Leidensdruck mit sich.

Das Peter-Pan- bzw. Petra-Pan-Syndrom funktioniert für viele Menschen für ein bis zwei Dekaden, egal ob man nun Umsteiger ist oder einen anderen Lebensstil gewählt hat. Meist erweist sich die Flucht vor Schwere, Druck und Verantwortung als Bumerang.

Schwere, Sinnleere und das Gefühl des Gefangenseins in der akuten Lebensalltäglichkeit treffen viele schleichend, in sublimer Manier und dennoch mit brachialer Gewalt.

Un(ter)bewusste Ängste des inneren Kindes vor Liebesentzug, vor Diskreditierung, Nichtakzeptanz und Ausgrenzung, sie würden alle schlagend werden, und so perpetuiert diese Angstspirale sich selbst. Die Bewältigungsstrategie im Umgang mit der erodierenden, tradierten „Bewältigungsstrategie" (P.-Pan-Syndrom) der Kindheit ist zumeist keine Lösung, sondern lediglich das Hinausschieben des „Tag X", des Moments, in dem ungelebte, ureigene emotionale Wunden und Anteile die vorgeschobene Fassade durchbrechen. Dieses Blindstellen ist also immer nur ein Blindstellen auf Zeit, ist ein Spannungsaufbau bis zur Eruption eines emotionalen Vulkans. Dieses Nichtschauen der eigenen Wahrhaftigkeit ist ein Kampf der Welten, ein Widerstreit von Schuldgefühl und Sehnsucht, von Scham und Authentizität. Es ist ein Krieg an der gefährlichsten Front, in unserem Inneren, in unserer Gefühlsrealität, in unserem verletzlichsten Kern – und dennoch ist der Krieg ein globaler, doch anstatt gegeneinander zu kämpfen, kämpft ein jeder/eine jede mit sich, führt den Kampf im Stillen aus.

Das Selbst, das so gelebt wird, ist eine Lüge, ist Selbstbetrug![74] Es ist ein Spiegel der Ambivalenz gesellschaftlicher Werte und des eigenen Gefühlshaushalts. Es ist Zerrissenheit, die sich tiefenpsychologisch als Widersprüchlichkeit der Anforderungen des frühkindlichen Umfelds gegenüber ureigenen Antrieben offenbart.[75] Diese Wesensanteile, die wir in den Gestaden unserer Kindheit erschufen – oder vielleicht in uns entstehen ließen –, sind schlussendlich jene Barrieren, die uns von uns selbst fernhalten.

Die vorgestellte Ambivalenz zeigt sich häufig auch in unserem Leib, wir fühlen uns unruhig, fühlen uns getrieben, fühlen uns „ungeerdet". Goethes oftmals bemühte Phrase zweier – oftmals widerstreitender – Seelen, die in der menschlichen Brust wohnen, dient an dieser Stelle als paradigmatisches Bildnis komplexer innerer Abläufe. Vermutlich kennt jeder unter uns das Gefühl innerer Zerrissenheit, das Gefühl inneren Verlorenseins. In dieser Erkundung des menschlichen Innenlebens geht es um den Grad dieser Entropie des Selbst. Ist also besagter Zustand vorübergehend oder permanent? Wird die Unklarheit im Erleben und Empfinden so stark empfunden, dass die Sinnhaftigkeit des eigenen Lebens oftmals hinterfragt wird und der Keim von Leichtigkeit im Ansatz erstickt wird?

V

Fakt ist: Es müssen große Anstrengungen unternommen werden, um ein neues Menschenbild zu formulieren und um dieses in einem zweiten Schritt gesamtgesellschaftlich tragfähig zu implementieren. Es gilt, von sozialen Zwängen, rigiden Affektregulierungen und -sublimierungen, von defizitären Ich-Idealen abzugehen. Dieser Prozess ist ein interdependenter, vollzieht sich in permanenter Wechselwirkung zwischen der einzelnen Person und dem gesellschaftlichen Kollektiv.

Wir dürfen erkennen, dass so viele unter uns, in sich selbst – und somit auch in den Zwängen der Gesellschaft – gefangen sind. Wir dürfen dieses Unglücklichsein, diese Ausweglosigkeit als pandemisch verbreiteten Zustand begreifen und sollen, ja, müssen sogar von einer gesellschaftlichen Pathologie sprechen. Ich selbst nehme mich hier nicht aus, und abseits selbstversorgender Einsiedler sollte dies vermutlich kein anderer Mensch tun. Die Frage, welche sich stellt, ist eine ethische, eine utilitaristische: nämlich jene nach dem höchstmöglichen Glück einer höchstmöglichen Anzahl von Menschen.[76]

Unsere Gesellschaft fußt massiv auf dem Prinzip der Unlustvermeidung, folgt dem Credo vornehmlicher Sicherheit und Planbarkeit. Lustgewinn, Lebensfreude und Leichtigkeit erweisen sich häufig noch immer als Antikörper im gesellschaftlichen Organismus.

Dem ungeschriebenen Gesetz der Unlustvermeidung folgend, zeigen Biografien häufig eine über Jahrzehnte hinweg andauernde Abwärtsspirale. Mehr und mehr Ressourcen, mehr und mehr Energie wird darauf verwendet, ebendas aufrechtzuerhalten, wovon man glaubt, dass es genauso sein müsse.[77]

Häufig erfährt der einzelne Mensch erst eine Katharsis durch eine Katabasis, beginnt sich selbst zu schauen, beginnt, ignorierte Anteile seiner Selbst erst dann anzunehmen, wenn er/sie durch soziale, physische und/oder psychische Problemlagen in die Knie gezwungen wird. Der Verlust einer nahestehenden Person, der Verlust des (Unlust vermeidenden) Arbeitsplatzes, Scheidung und Krankheit – all diese biografischen Zäsuren haben einen tiefen Impakt auf die Persönlichkeit, auf die Persönlichkeitsstruktur, auf den Gefühlshaushalt, auf das Selbstkonzept der betroffenen Person.

So ist es nicht die Gesellschaft, die uns motiviert, uns selbst zu schauen und nach Freiheit zu streben. Im Gegenteil, so manche Kräfte in unserer Welt sind stets bemüht, uns mit Angst und sinnentleertem Freizeitkonsum zu überhäufen, und so ist es meist das Leid, ist es tief empfundener Schmerz, der uns veranlasst, den Weg zum Selbst einzuschlagen.

VI

Das Ziel sollte sein, einen sozialen Raum zu schaffen, um mit Mut und Hingabe das eigene Ich zu schauen, bevor eine Katabasis das eigene Sein verdunkelt. Es gilt also, zu handeln, es gilt, neue Wege zu gehen, die von Mensch zu Mensch unterschiedlich sein können, ja, aufgrund unserer Einzigartigkeit sogar müssen.

Bei manch gewordenen Subjekten braucht es radikale Entschlüsse, braucht es im Leben eine massive Zensur, um in die Lebendigkeit, die Leichtigkeit zu kommen, um Freude in den

Alltag einziehen lassen zu können. Häufig bedeutet dies den Wechsel des Arbeitsplatzes oder die Auflösung einer Partnerschaft. Oftmals ist die Entscheidung seit Jahren innerlich gefasst, und dennoch wird deren Umsetzung i. S. des Aphorismus „Besser ein bekanntes Leid als ein unbekanntes Glück" über Jahre hinweg hinausgeschoben.

In vielen Lebenswirklichkeiten genügt es jedoch, an kleinen Rädchen zu drehen. Im Zuge von Coachings arbeite ich an dieser Stelle am häufigsten an der Fähigkeit der Abgrenzung. Der Umgang mit den eigenen Kraftreserven, die Balance zwischen jenen Inhalten des Alltags, die man sich selbst und anderen zuliebe macht, die Fähigkeit „nein" zu sagen, all dies will geübt und gelernt sein.

Weil meine Kunden über Jahre und Jahrzehnte hinweg häufig folgsam und unkompliziert waren, häufig brav „ja" gesagt haben, um Anerkennung von der Normalgesellschaft zu erhalten, um eine (zumeist) oberflächliche Harmonie aufrechtzuerhalten, um eben jenen Idealvorstellungen des eigenen Selbst gerecht zu werden, die von Kindesbeinen an internalisiert wurden, ist deren Umfeld dann anfangs überrascht und verunsichert, denn die Resi oder der Franz sind auf einmal ganz anders.

Und so bedarf es im Kontinuum, zwei Schwellen zu überschreiten. Zum einen gilt es, sich selbst treu zu sein und zu beginnen, dann „ja" zu sagen, wenn wir wirklich „ja" meinen und eben dann „nein" zu sagen, wenn wir dies auch aus dem Herzen heraus empfinden. Für die Überwindung der zweiten Hürde benötigt es zusätzlich zum Mut zur Klarheit und zur eigenen subjektiven Wahrheit einen langen Atem, denn die Änderung und Wandlung des eigenen Tuns und Verhaltens ist die eine Sache, die Wahrnehmung dessen wie auch die Akzeptanz im Außen eine andere.

Ein Beispiel: Ich selbst wurde von meiner Familie stets mit „Jörgi" angesprochen. Scherzhaft wurde ich im Alter von 25 Jahren im Zuge meiner Sponsion von einem Familienmitglied gefragt, ob man mich ob meines Titels nun weiterhin mit selbigem Kosenamen ansprechen dürfe. Ich antwortete darauf, dass mir mein Vorname ohne das verniedlichende „i" lieber wäre. Dies erzeugte Unsicherheit im System, und es bedurfte einiger Jahre, bis der Wegfall des besagten Verniedlichungsanhängsels bzw. die damit einhergehende Akzeptanz meiner Person als Erwachsener praktikabel und vertraut war.

Diese für mich kleine und dennoch stimmige Selbstmitteilung oder besser gesagt, die daraus resultierenden Figurationen, lehrten michdie Fragilität manchen sozialen Systems. Wir dürfen uns also darauf einstellen, dass der Weg in die Selbstgewahrsamkeit, dass Schritte in Richtung Authentizität allerhöchster Wahrscheinlichkeit nach nicht von einer jeden Person sofort akzeptiert und angenommen werden. Die Veränderung der eigenen Lebenswirklichkeit kann durchaus das Auslaufen der einen oder anderen Freundschaft mit sich bringen, was wiederum die Chance in sich birgt, Raum für neue Freundschaften entstehen zu lassen.

Bevor wir nun weitergehen, dürfen wir noch eine Frage beantworten, die Frage nach dem Mensch-Sein an sich. Hier wollen wir ganz schlicht bleiben und das Mensch-Sein der Postmoderne im Zuge der Pluralisierung von Lebensstilen und -weisen denken[78], wir wollen Mensch-Sein als ständigen Drahtseilakt zwischen unseren beiden entgegengesetzten Urbedürfnissen definieren – Sicherheit und Wachstum. All dies kann sich in Bezogenheit und Innigkeit mit dem ureigenen Gefühlshaushalt im Sinne von Zentrierung vollziehen oder auch in Ausdrucksformen des Sich-selbst-Verlierens mit einer Dominanz der Seinsqualität von Exzentrizität.

Wir können hier also eine Vier-Felder-Matrix aufbauen mit den beiden Achsen „Wachstum vs. Sicherheit" und „Zentriertheit vs. Exzentrizität". Wo verorten Sie sich derzeit? Wo würden Sie sich gerne in Zukunft sehen?

OPTIMISMUS VERSUS VERKLÄRUNG

Bevor wir uns nun weiter in die Ergründung des Mensch-Seins, in die Entschlüsselung unseres individuellen Geworden- bzw. So-Seins stürzen, gilt es, ein wenig über Optimismus, über positives Denken zu sinnieren, da ebendies oftmals verquer und kontraproduktiv Anwendung findet. Optimisten sind Realisten und Optimisten zugleich, schauen sich selbst und ihr Leben in jener Gestalt, wie sie es eben in ihrem Tiefsten wahrnehmen. Dennoch werden zu schwierigen Situationen, zu so manchem Leidensdruck positive Konnotationen assoziiert, Lösungen und Erleichterndes ersonnen.

Jene Personen, die romantischen Verklärungen anheimfallen, wollen das Jetzt, die Ist-Situation nicht in ihrer Gänze wahrhaben, blenden Teilbereiche aus. Die Schau verdrängter, defizitärer Anteile ist alles andere als angenehm, ist häufig mit emotionalen Schwellen verbunden und auch verquickt mit Angst und psychosomatischen Reaktionen. So kann das Herz rasen, kann Gänsehaut den Leib zieren, kann Angstschweiß im Nacken sitzen usw., und dennoch darf, soll und muss all jenes geschaut werden, damit es Raum bekommt. In einem ersten Schritt darf all das zuvor Verdrängte einfach da sein, in einem zweiten kann es dann bearbeitet werden.

Immer wieder zeigt sich im Zuge meiner Coachings wie auch in meiner eigenen Vita Folgendes: Am schwersten wiegt das Verdrängte! So gestaltet sich die Schau, das Annehmen unangenehmer Themen, häufig als Sprung ins kalte Wasser, als Öffnung einer knarrenden, mit Spinnweben überzogenen Pforte in verborgene Regionen des eigenen Herzens. Ebendiese Erkundung der Verliese der eigenen Existenz birgt die Chance in sich, so manch versperrte Schreckenskammer mit Frischluft zu durchfluten, um sich selbst zu ermöglichen, wieder unbeschwert und frei atmen zu können.

Positives Denken ist also nicht verklärtes „Regenbogendenken", sondern gründet sich auf dem, was Soziologen unter Positivismus verstehen. Das von August Comtes geprägte Denken will mittels Daten und Fakten, die durch die Erfahrung klar erlebbar, klar erfassbar sind, die Gesellschaft vorantreiben. Diesen Leitsatz haben sich so manche Big Player auf die Fahnen geheftet, unter ihnen sogar ein Nationalstaat: Brasilien. „Ordem e progresso", Ordnung und Fortschritt, ziert die Staatsflagge im Sinne eines politischen Programms einer stetig besser werdenden Welt – so zumindest der Anspruch.

Doch Politik und die Entwicklung von Staatengebilden sind Themen, die wir nun außen vor lassen wollen. Wir gehen wieder vom kurzen Ausflug auf die Makroebene gesellschaftlicher Dynamiken ab und wenden – wenn auch äußerst frei – den besagten Leitsatz auf die Erörterung unserer Methode „Positives Denken" an.

Ordnung und Fortschritt: Diese beiden Seinszustände scheinen vorab konträr. Ordnung mutet strukturiert, starr, unbeweglich und reaktionär an, Fortschritt hingegen fließend, dynamisch, wagemutig und ungewiss. Wie sind nun diese beiden ontologischen Konzepte vereinbar? Nun, sehr einfach, indem wir sie in eine interdependente, zirkuläre Abfolge stellen, einfach ausgedrückt: Das eine wirkt stets auf das andere.

Schritt 1 – Ordnung: Wie oben bereits erwähnt, gilt es, in dieser Phase hinter den Schleier des Bewusstseins zu treten, um auch das Un(ter)bewusste auf die Bühne des Erfühlens und Erlebens zu bitten.[79] Im Tun kann dies durch Selbstbefragung realisiert werden, die sich wie folgt gestalten kann: Wie viele Stunden meines Tages lebe ich mit Freude? Was fehlt mir in meinem Leben?

Mithilfe dieser und vieler weiterer möglicher Fragen können wir peu à peu das Mosaik unserer Selbstschau verdichten. Eine solche hätte vor fünf Jahren und würde in fünf Jahren zu anderen Fragen wie auch anderen Antworten führen. Es geht also ganz konkret um das Hier und Jetzt, um das Gestern, das Morgen, die vergangene Woche, die kommende Woche, vielleicht noch den letzten Monat und den kommenden Monat. Um uns selbst nicht zu verlieren, dehnen wir den Zeithorizont nicht weiter aus.

Schritt 2 – Fortschritt: Nun kann auf Basis von Selbsterkenntnis, auf das Konvolut von sicheren, stabilen, aber auch unsicheren – und dennoch bekannten – Anteilen des eigenen Selbst ein Konstrukt gebaut werden, das landläufig als Identität bezeichnet wird. Diese Identität gründet sich nun nicht auf die Gestalt eines Überfliegers, einer Realitätsflüchterin, ist nicht jene einer Person, die sich selbst idealisierter definiert, als es der Wirklichkeit entspricht.

Jene Identität, die nun entstehen kann, gründet sich auf dem Nährboden – i. S. Kants und Schopenhauers – (subjektiver) „Wahrheit" und kann somit ein Fundament zur Verfügung stellen, das viele Räume, Stockwerke usw. tragen kann. Auf einer solchen Identität kann aufgebaut werden, obwohl der Begriff „Wahrheit" mit Bedacht verwendet werden sollte! Zum einen ist der Anspruch dieser Begrifflichkeit unantastbar, „but everything depends on the eye of the beholder". Zum anderen gilt es, zirkulär und hermeneutisch zu denken.

Bereits Heraklit lehrte uns mit seinem Aphorismus *„pantha rei"*, dass wir nicht zweimal in den- selben Fluss steigen können, denn zum einen sind wir selbst andere Menschen, da wir uns beim zweiten Mal bereits an einem anderen Punkt im Zeitkontinuum befinden. Zum anderen ist auch der Fluss ein anderer, ein jedes Wassermolekül ein anderes.

Wenn Sie dieses Buch fertig gelesen haben, werden Sie selbst auch eine andere/ein anderer sein, und vielleicht gelingt es Ihnen, sich selbst anders zu betrachten, das eigene Gewordensein anders zu verstehen. Ihr Wissensvorrat und die Art und Weise Ihrer Selbsterkenntnis hat sich womöglich verändert, und so bedingt eine differenziertere Schau des Selbst (Ordnung) womöglich eine ein klein wenig abgeänderte Schlussfolgerung (Fortschritt).

So gilt es also, in regelmäßigen Abständen immer wieder Selbstexploration in hermeneutischer Manier anzuwenden, um in der Abfolge von Wahrnehmen, Erfassen, Verstehen und Erklären stimmige Antworten für oben gestellte Fragen zu finden.[80] Auf einer Metaebene lassen sich drei grundlegende Fragen finden, die sich im Kontinuum verorten: Woher komme ich? Wo stehe ich derzeit? Welcher Schritt ist mein nächster? Nicht jede dieser Fragen ist gleich leicht oder gleich schwer zu beantworten: Wir wissen, woher wir kommen. Zu erörtern, wie sich der Status quo darstellt, ist nicht mehr ganz so einfach. Die dritte Frage fordert uns auf, ins Tun zu kommen. Die Entsprechung dieser Frage verlangt uns häufig viel ab, ist aber am lohnendsten.

Wir Menschen entsprechen tatsächlich dem christlichen Pilgerideal des *homo viators*, des zeitlebens auf Erden wandelnden Wesens, das in seiner Existenz eben nicht mehr dem Paradies, dem „himmlischen Jerusalem" entgegenwandelt, sondern eben dem eigenen Selbst. Hierüber werden wir auch in der „Schatzkiste voll sinnerfüllter Lebensweisen" zu sprechen kommen, denn diese unverrückbare Wahrheit gilt auch für radikalste Umsteiger, die landläufig als Aussteiger bezeichnet werden. Egal ob sich ein Individuum auf Formentera, in einem Andendorf oder im tiefsten Yukonterritorium zurückzieht – der Konfrontation mit dem eigenen Selbst kann nicht aus dem Weg gegangen werden.

Im Gegenteil, je radikaler Einsamkeit gesucht wird, desto weniger Inhalte stehen dem Bewusstsein zur Verfügung, den Geist zu befüllen. War es nicht Coelho[81], der im Alchimisten davon sprach, dass Gott in einem jeden Sandkorn der Wüste gefunden werden könne? Diese Metapher zielt eben auf die besagte Beschäftigungslosigkeit des Geistes ab, bei der unmittelbar Raum für all das entsteht, von dem so viele von uns im tagtäglichen Treiben weglaufen.

Durch dieses Weglaufen werden Mann und Frau früher oder später zum Überflieger/zur Überfliegerin, verlieren Bodenhaftung und Selbstbezug. Doch wir wollen nicht wie Ikarus enden, der zu lange höher und höher emporstieg, um dann umso tiefer zu fallen. Vielmehr wollen wir erhaben und elegant wie Pegasus durch die Lüfte gleiten, bewusst immer wieder Boden unter unseren Füßen suchend.

Doch ist das Gezeichnete realistisch oder fallen wir einer romantischen Schwelgerei anheim? Etwas schon ... Manchmal handeln wir überraschend authentisch, manchmal lernen wir durch Nachahmung – was sich als Glück oder Unglück betreffend die Qualität des Vorgelebten erweisen kann –, und zum Teil lernen wir auch durchs Scheitern, durch Misserfolge.

Betreffend die Bedeutung der beiden Entitäten der griechischen Mythologie tragen wir Ikarus und Pegasus zugleich in unserem Herzen. Wir durchleben Phasen und Zeiten der Leichtigkeit, aber auch Phasen und Zeiten des Hochmuts und Falls. So gilt es, sich stetig darin zu bemühen, aus „Ikarus-Erfahrungen" zu lernen.

Der österreichische Austro-Pop-Sänger Wilfried sang in seinem Lied „Ikarus":

Spann deine Schwingen, flieg Ikarus!
Nicht das Gelingen, nur der Versuch zählt am Schluss.

An dieser Stelle wollen wir einen Schritt weiterdenken. Ja, als erster Schritt gilt der Versuch an sich. Dieser ist löblich und erstrebenswert! Wenn wir uns der Cartoon-Figur Homer Simpson entsinnen, der in einer Sequenz immer wieder in eine Steckdose greift, einen Stromschlag erhält und dennoch nichts daraus lernt, so kann der Versuch allein nicht ausreichen. Wichtig ist es also, aus dem Scheitern, aus den eigenen Erfahrungen zu lernen, um das eigene Denken, das eigene Tun zu adaptieren, zu optimieren.

Es geht darum, mit der neu gewonnenen (Er-)Kenntnis des eigenen Seins eine andere Flugbahn zu berechnen oder vielleicht sogar eine andere Destination zu wählen, um einem lohnenden Ziel und einer sicheren Landung entgegensehen zu können.

Dieses Korrektiv darf nun nicht zum Exzess getrieben werden, denn zur Sicherheit würde sich sehr rasch Begrenztheit und das Entweichen von Lebendigkeit gesellen. Pegasus darf nicht nur auf Erden verweilen! Genau in diesem Moment sitzen viele Österreicher, Deutsche und Schweizer hinter ihren Befestigungswällen, fühlen sich sicher in ihrem selbst erbauten Karthago – und doch trennt diese „Thujen-Hecken-Mentalität" die eigene Vita vom Fluss des Lebendigseins, von mancher Euphorie und Ekstase.

Beide, Ikarus und Pegasus, begeben sich in die Lüfte, streben dem „Luft-Element" i. S. v. Lebendigkeit und Leichtigkeit des Seins entgegen. Leben ist zum Teil auch Wagnis, ist Abenteuer, ist ab und an das Beschreiten neuer Wege. Das Sichten der liegen gebliebenen Post am Wochenende, das ist nicht das Leben! TV-Figuren häufiger zu sehen als die eigenen Freunde, das ist nicht das Leben! Hans Söllner brachte diese Lebensweisheit in seinem Lied „Der Charlie" auf den Punkt:

Spinn ich oder was?
Jetzt haben sie doch gerade die Welt in die Luft gesprengt und du bist gerade mal nicht daheim, ha!
Und das Auto war auch nicht gewaschen,
ja was sagen da die Nachbarn?

So dürfen wir ab und an ein Risiko nehmen, dürfen uns lebendig fühlen, dürfen uns durch Self-Empowerment soweit stärken, bis wir es wagen, neue Horizonte zu erklimmen, egal ob es sich dabei um eine neue Partnerschaft, eine neue Ausbildung, das Erlernen einer neuen Sportart, das Erlernen eines Musikinstruments usw. handelt. Denn seien wir ehrlich: Was passiert schon, wenn wir scheitern? In der Regel sind wir um eine Ikarus-Erfahrung reicher, um ein Stück weiser.

Optimismus ist also nicht das Schönreden des selbst erbauten Schneckenhauses, Optimismus ist nicht Selbstbetrug, dass in der eigenen Lebenswirklichkeit doch eh alles passen würde. Optimismus ist vielmehr Vorbedingung, ist ein basaler, stärkender Zugang zum Leben selbst, der uns ermöglicht, unsere Lebenswirklichkeit in Richtung Leichtigkeit, Lebensfreude und Sinn umzugestalten.

Schatten und Schattenidentitäten

Ich führte das Doppelleben des Kindes,
das doch kein Kind mehr ist. (...)
Es war meine eigene Sache,
mit mir fertig zu werden und meinen Weg zu finden,
und ich tat meine Sache schlecht,
wie die meisten Wohlerzogenen. (...)
Ich wollte ja nichts als das zu leben versuchen,
was von selber aus mir heraus wollte.
Warum war das so sehr schwer?
(Hesse 2012, 67; 133)

Im 19. Jahrhundert waren die Bedeutungsinhalte der Begrifflich-keiten „Kultur" und „Zivilisation" oftmals noch identisch. Heute erweist sich Zivilisation immer häufiger als Fluch, als ein Sammel-surium hinderlicher gesellschaftlicher Etiketten, als ein kaum be-wältigbarer Moloch technologischer Vielfältigkeit. Kultur hingegen scheint zeitloser, scheint dem Menschen Parallelwelt zu sein.

„Natur" hingegen ist mittlerweile etwas, das Frau und Herr Österreicher oftmals an Wochenenden oder während des Urlaubs suchen. In einer Zeit, in der es sich häufig nicht mal mehr für Kinder geziemt, in der Erde zu wühlen, erscheint Einssein mit der Natur als Illusion einer fernen, bodenständigeren Zeit. Zivilisation, ein einst hoch gepriesener Gesellschaftszustand, ist ein Zustand geworden, dem mehr und mehr Menschen zu entkommen ver-suchen.[82]

Die Selbstfindungsliteratur ist voll von Sinnsprüchen, die Licht und Schatten thematisieren, *summa summarum* wird im besagten Genre stets die Überwindung von als schwer empfundenen inneren und/oder äußeren Seinszuständen beschrieben. Sie wissen bereits, dass uns das saloppe Formulieren eines Aphorismus' oder eines Bonmots zu wenig ist. Vielmehr wollen wir tiefer dringen, tiefer in die Fratzen dessen blicken, was hier als Schatten bezeichnet wird, um dann ebendiese zu überwinden.

I

Was verstehen wir nun unter Schatten? Nun, gemeint sind pauschal jene Anteile des Selbst, die wir nicht annehmen wollen, die wir nicht schauen wollen, die unser mühsam konstruiertes Selbstbild, unsere Identität konterkarieren. Diese Segmente unserer komplexen Existenz können zweierlei Natur sein: Zum einen kann es sich tatsächlich um eine emotionale Bürde der Vergangenheit oder eine aktuelle Problemlage handeln, die – wie sie sich auch immer gebart – belastend auf unser Gemüt einwirkt. Zum anderen kann sich ein Schatten als Hindernis darstellen, als Hürde, etwas zu erreichen, das Inhalt eigener Sehnsüchte, eigener Bedürfnisse und Antriebe ist.

Beispiele für Schatten erster Art kann die Aufarbeitung von Phasen der Kindheit sein, in denen Sie darunter litten, zu wenig Liebe erhalten zu haben oder das Loslassen einer unerfüllten bzw. verflossenen Liebe. Beispiele für Schatten zweiter Art sind etwa die Furcht, ebenjenes zu bekommen, was man wirklich möchte, die Furcht vorm Scheitern, die Furcht im sozialen Umfeld und/oder in der Familie anzuecken, was mit einem Verlust an sozialer Akzeptanz und Status einhergehen könnte.

Betreffend die Seinsgestalt positionieren sich diese beiden „Schattenformen" in deren vierdimensionaler Verortung in Vergangenheit und Zukunft, und so sprechen wir künftig von „Schatten der Vergangenheit" und „Schatten der Zukunft". Die einen sind Ballast der Vergangenheit und hindern uns voranzuschreiten, die anderen sind projizierte Bilder möglicher Ereignisse, die – stets in Assoziation mit pejorativen Konnotationen – uns ebenfalls lähmen, Schritte in Richtung Leichtigkeit, Sinn und Selbstverwirklichung zu setzen.

Häufig bedingen sich diese beiden Schatten-Entitäten wechselseitig. Meist wirft die Vergangenheit so manchen Schatten in die Zukunft voraus, überlagert neue Lebensentwürfe mit Bildern des

Scheiterns und anderer – häufig abstruser – möglicher negativer Verläufe künftiger Entwicklung des eigenen „Werdens". Selbst ertappt man sich in so mancher Gedankenspirale und belächelt oftmals die ausschweifende Fantasie, den inneren Film, die innere Wahrsagung – oder wie man diesen sich selbst perpetuierenden inneren Teufelskreis der Gedanken auch nennen mag. Oft genug sind es diese Gedanken, die uns auf den Boden niederdrücken, uns einen beträchtlichen Anteil unserer Energie rauben, sodass wir uns in unserem Alltag rasch gerädert fühlen.[83]

Nun mag so manche Person insgeheim denken: „Nun ja, indem ich gleich beginne, mein Leben zu verändern, kann ich diesen Gedanken doch ein Schnippchen schlagen, oder?" Einfach in die Zukunft zu starten, einfach in eine neue Leichtigkeit zu starten – jippie, juhu!!! Diese Worte schmeicheln unserer Pein, wie Ambrosia unserem Gaumen.[84] Dennoch kann ein solch impulsiver Start die Initialzündung einer Irrfahrt sein, in der man gleich Odysseus den Dämonen der eigenen Existenz begegnet.

So sind wir gut beraten, uns vorher selbst zu schauen, all das anzunehmen und verstärkt ins Bewusstsein rücken zu lassen, für das wir uns auf die Schulter klopfen (können). In der Fachliteratur wird hierbei von „Ressourcen" gesprochen. Gemeint ist all das, was uns stärkt, was uns Kraft gibt, was dem Bild von uns selbst Halt gibt. Wenn eben dies getan ist, wenn wir im Hier und Jetzt wissen, wie wir uns selbst stärken können, uns selbst Kraft geben können, eben dann können wir mit Bedacht Angst für Angst, Wunde für Wunde, Schatten der Vergangenheit für Schatten der Vergangenheit sichten.

In meiner Ausbildung zum Lebens- und Sozialberater wurde mir das Kontinuum dieses Prozesses klar. Von Kindesbeinen an prägen uns bestimmte Ängste, bestimmte Wunden, bestimmte Schatten. Wichtig ist, dass wir sie erkennen, dass wir sie annehmen, dass dieser Rucksack der Vergangenheit Jahr für Jahr leichter und leichter wird. Hierbei hilft es, uns selbst bestmöglich kennenzulernen und zu lernen, mit diesen und jenen Impulsen, Affekten und Reaktionen im Hier und Jetzt umzugehen.

Im vorangegangenen Kapitel sprachen wir von Ordnung, sprachen wir davon, uns selbst wahrhaftig zu schauen – zumindest so gut, wie wir dies zum gegebenen Moment tun können. Und so werden wir mit der Zeit Übung darin finden, rascher, klarer spüren, was sich da in uns regt. Die Ungewissheit wiegt besonders schwer, und somit gilt es, Klarheit zu finden. Lassen Sie uns nun durch das eine oder andere Beispiel konkreter werden. Diese werden wie folgt in Form von direkten Reden realistischer Szenarien veranschaulicht:

„Jetzt sind wir endlich am Meer, können die Seele baumeln lassen … Warum kann ich gerade keine Nähe zu meinem Partner zulassen? Ach, das hatte ich schon beim letzten Urlaub, das ist meine Bindungsangst. Zu Hause können wir uns aus dem Weg gehen, und jetzt geht das nicht. Jetzt darf ich bewusst ins Vertrauen gehen und bewusst in Kontakt bleiben!"

„Ui, warum rast mein Herz gerade? Woran habe ich gerade gedacht? Ich glaube, ich vermisse meine verstorbene Mutter. Bin echt traurig momentan! Was hat mir beim letzten Mal geholfen? Ach ja, ich atme tief ein und aus, atme Leichtigkeit ein und atme all das aus, was sich schwer anfühlt."

„Meine Handflächen sind klatschnass, und es läuft mir kalt den Rücken runter. Ich habe solche Angst vor dem Vorstellungsgespräch! Ich weiß, damals in der Schule reagierte mein Leib auf dieselbe Art und Weise, als mich jene Lehrperson immer wieder zur Tafel zitierte. Jetzt bin ich erwachsen und stark. Ich hülle nun mein inneres Kind in Geborgenheit und Schutz, spende ihm Ruhe, Gelassenheit und Vertrauen. Ich weiß, dass nicht ich als erwachsene Person Angst vor dem Vorstellungsgespräch habe, sondern dieser verletzte Anteil in mir. Das beruhigt mich bereits."

An dieser Stelle könnten noch so manche Beispiele angeführt werden, doch ich denke, es wird auch mittels der gewählten inneren Monologe deutlich, worauf dieses Kapitel abzielt. Wenn es uns gelingt, in unserem täglichen Handeln, Fühlen und Sein das wahrzunehmen, was eben da ist, wenn wir es benennen können, dann verliert die Fratze, die da aus unserem Unbewussten aufsteigt, bereits häufig ihren Schrecken. Vielmehr wird sie zu einem – wenn auch meist unliebsamen – altvertrauen Gast.

Viele unter uns würden vermutlich ungefragt die Schwere im eigenen Herzen in Leichtigkeit eintauschen, wenn es die Möglichkeit dazu gäbe. Wir fallen aber nicht dem Reich der Phantasmen anheim, wollen nicht etwas in Aussicht stellen, was *ad hoc* kaum erreichbar ist. Vielmehr gilt es, mit beiden Beinen am Boden zu bleiben, gilt es, sich jenem realistischeren Fokus zuzuwenden, der danach trachtet, sich Leichtigkeit und Lebensfreude peu à peu anzunähern.

Willenskraft erweist sich häufig als erste Strategie, aber Sie und ich, wir haben bereits die Erfahrung gemacht, dass wir mit bloßer Anstrengung, mit brachialen Umgestaltungsversuchen unserer inneren Realität nicht zu diesem inneren Zustand kommen. Lassen Sie uns doch ehrlich sein: Wie oft und wie überaus angestrengt haben wir versucht, das Bild, das wir selbst von uns haben wollen bzw. wie wir von außen gesehen werden wollen, aufrechtzuerhalten? Im Endeffekt braucht man doch so viel Kraft, so viel Energie! Und was steht am Ende? Man schafft es ja schlussendlich doch nicht, sich so zu gebaren, wie man glaubt, sich selbst lieben zu können bzw. von der Gesellschaft gesehen werden zu wollen.

So wollen wir nicht aufwachen in zehn, zwanzig oder dreißig Jahren und erkennen, dass wir tagtäglich die Arbeit des Sisyphos verrichtet haben. Wir wollen uns nicht dem Schmerz verschwendeter Lebenszeit stellen müssen, indem uns die Nichtigkeit unserer Bestrebungen vor Augen geführt wird. Wir wollen nicht an der Unmöglichkeit der Aufrechterhaltung dieses Selbstbetrugs zerschellen, sondern vielmehr dem uns innewohnenden Selbstregulativ Raum geben, das uns zur Authentizität und Selbstbefreiung führt.

Dieser Schmerz, dieses Erkennen, jahrzehntelang, gleich einem tragischen Trickfilmhasen, einer „Karotte" nachgejagt zu sein, die eben nie erreicht werden kann, welcher wir näher kommen können, welche sich aber stets unserem verzehrenden Zugriff entzieht – und entziehen wird –, dieser Schmerz, den eigenen Wünschen und Hoffnungen nicht nachgegangen zu sein, weil man ebendieses und jenes gemacht hat, weil man glaubte eben so sein zu müssen und eben dies tun zu müssen – diesen Schmerz, wir wollen ihn uns ersparen.

Wir wollen erkennen – und vermutlich kann sich niemand davon ausnehmen –, dass wir uns alle Irrbilder, Scheinrealitäten und -vorstellungen gebastelt haben, um mit schwierigen Lebenssituationen, mit diesen und jenen Ängsten zurechtzukommen. Doch wir dürfen mutig sein! Kennen Sie den Film „Die Truman-Show"? In diesem mimt Jim Carrey den Charakter Truman Burbank, der von Geburt an in einer künstlich geschaffenen Welt aufwuchs. Trumans Leben wurde 24 Stunden täglich über 10.000 Tage lang via Reality-TV ausgestrahlt. Der besagte fiktive Charakter beginnt durch innere und äußere Impulse vieles, was er lange Zeit als gegeben hingenommen hat, zu hinterfragen, beginnt anzuecken, beginnt sich freizukämpfen. Schlussendlich macht er sich auch auf, das überdimensionale Filmset, in dem er aufwuchs, zu überwinden, zu neuen Horizonten aufzubrechen, das Heft des Lebens in die eigene Hand zu nehmen.

Nun, wir sind nicht Truman, wir sind nicht der Star einer Reality-TV-Show und wissen nichts davon. Dennoch kann die Geschichte Trumans, seine Sehnsucht nach Echtheit, nach Freiheit uns anregen, über die eigenen Begrenzungen nachzudenken, über unsere eigenen Mauern, über die Mauern, die wir selbst aufgebaut haben, um unser Herz zu schützen, die uns nun aber erdrücken. Wir können uns fragen, in welcher Hinsicht wir unseren Geist begrenzt haben, in welchen Themen- und Lebensbereichen wir nicht wagen, den einen oder anderen Gedanken in unser Bewusstsein eindringen zu lassen.

Lassen Sie uns direkt und ehrlich mit uns sein: Haben wir eine andere Wahl, als Wahrhaftigkeit zu leben, als jene Wahrheit zu leben, die wir im Wissen unserer eigenen Subjektivität und Fehlbarkeit in uns fühlen und denken? Wir alle werden sterben, Sie, ich, eine jede Person in Ihrem Leben. So können wir, indem wir unsere eigene Endlichkeit akzeptieren, klarer sehen, klarer erkennen, wohin wir unser Leben entwickeln wollen. So häufig werden Familiengeheimnisse, werden Konflikte und andere Themen erst am Sterbebett besprochen, werden erst dort gelöst – oder mit ins Grab genommen. Wollen Sie Ihren emotionalen Ballast, Ihre Wünsche und Sehnsüchte, wollen Sie diese tief in Ihrem Herzen begraben halten?

Wolfgang Ködel[85] war erfolgreicher Unternehmer, doch das Blatt wendete sich, weshalb er nach seinem finanziellen Ruin für drei Jahre im Wald lebte. In seinem bewegenden Buch formuliert er folgende Worte: „Habe ich zu wenig darauf bestanden, das Eigene zu verwirklichen? Der Gedanke durchfährt mich jäh. Habe ich mich im Leben nicht genug durchgesetzt, mich zu wenig für meine Belange eingesetzt? Mein Hals verengt sich. Ich schlucke. Und schiebe den Gedanken wieder fort, verschließe ihn in den Katakomben meines Inneren."

Vor so manchen Jahren beschloss ich, lieber ein Mensch zu sein, der es vorzieht, mit manchen Menschen in manchen Situationen anzuecken, um nicht entsprechend irgendeiner substanzlosen Etikette zu „funktionieren". Manchmal gelingt mir dies ganz gut, manchmal nicht so gut, manchmal gelingt es mir gut, mir selbst treu zu bleiben, ein anderes Mal wieder nicht. So sind wir alle Lernende, sind wir stets „Werdende". Wichtig ist, dass wir vorankommen, dass wir uns nicht im Kreis drehen, sondern näher an das heranschreiten, was wir Glückseligkeit nennen.

Tun wir dies nicht, so lassen wir zu, dass unsere Schatten uns gefangen halten, uns lähmen, uns davon abhalten, zu wachsen. Sie
werden zu einem immanenten Teil unseres Selbst, werden Teil
unseres Denkens und Fühlens, unserer Persönlichkeit, unseres
Wesens. Wenn dieses Stadium bereits Realität ist, sprechen wir
von „Schattenidentitäten" i. S. einer Kapitulation vor der Schwere
des menschlichen Daseins. Besser ein bekanntes Übel als ein unbekanntes Glück, lautet dann die Devise, die als Versuch verstanden
werden kann, Sicherheit und Ordnung in der eigenen Lebenswirklichkeit herzustellen – aber dennoch nur scheitern kann.[86]
Menschen mit ausgeprägten Schattenidentitäten führen ein
Schattendasein, sind ein Schatten ihrer selbst, und dennoch leben
sie mit uns, neben uns, sind familiär, sind freundschaftlich mit uns
verbunden. Es sind jene Menschen, denen das Leuchten in den
Augen abhandengekommen ist. Gemeint sind jene Existenzen, die
ihre Tage dahinleben, ohne Ziel, ohne Plan, ohne Projekte, Reise-
wünsche usw. Es scheint, als habe Thanatos bereits seine Fänge
ausgebreitet, um das innerliche Eingehen in den Tartaros vorzu-
bereiten. Gemeint sind aber auch jene Existenzen, die Phantasmen
in Gestalt falscher Bedürfnisse, falscher Antriebe nach Geltung
und von außen motivierten Wünschen nachjagen und somit stets
dem ureigenen Sein davonlaufen.

Menschen mit Schattenidentitäten fühlen sich häufig innerlich
leer. Die Substanzen, mit denen das Gefäß des Bewusstseins gefüllt
wird, heißen zumeist Angst und Wunsch nach Sicherheit. Es sind
die Begrenzungen des eigenen Seins, die Selbstbewertungen des
Ich als klein und unbedeutend, die die Stimme des Herzens kleiner
und kleiner werden lassen, die angstgetriebenen Impulsen groß-
zügig Raum geben. Und so ist es diese Ratio, dieses Kalkül des Egos,
das die Leichtigkeit und Lebendigkeit im Keim erstickt. Spontanität,
Lebensfreude, Selbstgewahrsamkeit, inneres Wachstum usw. – all

diese tanzenden Lichtlein werden von den Schatten unterdrückt und in einem verborgenen Winkel des Herzens versteckt.

Der Ratio selbst stehen umfassende Bedienungsanleitungen zur Verfügung. Hierbei handelt es sich um Einstellungen, Handlungsmuster und Tabus, die das Leben, die Gesellschaft, unser Umfeld in unser Un(ter)bewusstsein introjizier(t)en. Diese Vorlagen resultieren aus Idealbildern, aus Wunschvorstellungen, aus Erwartungen von all dem, wie man eben sein soll als Mann, als Frau in diesem und jenem Alter, in dieser heutigen Zeit, an diesem und jenem Ort, in diesem und jenem Milieu.

Die besagten Anforderungen und Zwänge wurden von frühester Kindheit an in uns hineingeschrieben, sie sind Erwartungen der Eltern, des familiären Umfelds, von Lehrern, Pädagogen usw. Diese Bilder, sie sind zum Teil auch notwendig: Denn ohne ein gewisses Maß an Regulierung und Sublimierung unserer Affekte würden Chaos und Anarchie, würde das Gesetz des Stärkeren herrschen, und so wären wir konfrontiert mit dem Niedergang unserer „Hochkultur", so wie es vor etwa eineinhalb Millennien der Fall war, als die sozialen, technischen und philosophischen Errungenschaften der Antike dem Vergessen anheimfielen.

Manche Wissenschaftler, die sich mit dem Heranwachsen von Kindern beschäftigen, vertreten die Überzeugung der Reinheit und Güte einer jeden Kinderseele. Andere wiederum meinen, Gutes müsse durch die Erziehung vermittelt und von den Heranwachsenden erst erlernt werden. Stets lassen sich derartige Aussagen – vor allem solch moralisch aufgeladene – nicht ad hoc beantworten, und wir wollen sie auch nicht beantworten. Vielmehr wollen wir hieraus ein Beispiel ableiten, das der Erörterung besagter Schatten in den Selbstkonzepten von uns Menschen dient: Zwei Kinder spielen im Sandkasten, das eine will das Spielzeug des anderen, was aber dem Willen des besagten Kindes zuwiderläuft. Kind „1" geht zu Kind „2" und schlägt dieses mit der Hand, mit der Schaufel oder schubst es, um zum Objekt der Begierde zu gelangen. Wir nehmen an, diese Szene wurde von den Eltern von Kind „1" beobachtet, die diesem nun deutlich machen, dass es Unrecht ist, jemand anderem Gewalt anzutun.

Freud würde jene Situation wie folgt erläutern: Das triebhafte, ungezügelte „Es" muss begrenzt werden, um – gedacht auf der Ebene des/der Einzelnen – als geschätztes, funktionales Mitglied der Gesellschaft heranwachsen zu können. Doch die Zügelung ureigener Anteile trägt ein janusköpfiges Gesicht in sich: Wenn viele Affekte unterdrückt werden, macht sich alsbald die oben angesprochene Leblosigkeit breit. Im freudschen Erkenntnisuniversum bedeutet dies die Dominanz des Über-Ich über das „Es".[87] So kann eine solch massive Begrenzung der eigenen Impulse entstehen, die Lebensfreude, Spontanität und Leichtigkeit im Alltag im Keim erstickt.

Wir wollen nun eine knappe Gesellschaftsanalyse durchführen und kurz über Drogen, genauer gesagt die Droge Alkohol sinnieren. Seit Jahren bin ich bereits abstinent, und so wird mir die Absurdität dessen, was in unserer Gesellschaft als normal gilt, erdrückend klarer und klarer. So sehe ich, wie bei den allermeisten gesellschaftlichen Anlässen Alkohol konsumiert wird, sei es die Geburtstagsfeier eines Kleinkindes, eine Hochzeit, eine Beerdigung, eine Firmenfeier, ein religiöses Brauchtumsfest usw. Alkohol, die „Volksdroge Nummer 1", dominiert die Normalgesellschaft, und noch immer bin ich erstaunt, wie verwundert viele Menschen sind, wenn ich auch das obligate Schlückchen bei einem Sektempfang oder einem ähnlichen Anlass verweigere. Manche Person ist sogar persönlich gekränkt, denn als stattlicher Mann habe man doch gefälligst Alkohol zu trinken, um der gesellschaftlichen Konvention zu entsprechen.[88]

Worauf wir in der Argumentationskette unseres Alkohol-Exkurses hinauswollen, ist die Akzeptanz einer gesellschaftlichen Katharsis in Gestalt eines temporär akzeptierten Ablegens der Dominanz des Über-Ichs. Der Alkohol-Rausch wird vielerorts akzeptiert, ein Herointrip wohl eher selten. Ein Beispiel aus meiner Jugend: Im Zuge eines Trommelworkshops als Jugendlicher fand ein Abschlusskonzert statt. Eine afrikanische Frau im Publikum stand währenddessen einfach auf und sang zu unseren Rhythmen. Als sie fertig war, setzte sie sich und meinte, es sei ihr ein Bedürfnis gewesen.

Wie viele unter uns vermögen es im Alltag oder besser gesagt spontan im Beisein anderer zu singen? Bestenfalls wird im Auto oder unter der Dusche gesungen, vorzugsweise wenn man allein ist. Andernfalls wird häufig gesungen, wenn der Promillespiegel jenes Level erreicht hat, ab dem restriktive Selbstregulative nicht mehr greifen. Es gärt so viel „Selbstoffenbarungsangst"[89] in uns, von der Normalgesellschaft sanktioniert zu werden, von unserem Umfeld diskreditiert zu werden, dass spontan nur sehr, sehr selten bzw. nur in ausgewählten Kreisen gesungen wird. Hier ist es das Über-Ich, das das Es unterdrückt, hier ist es die Selbstreglementierung, die einen spontanen Impuls der Lebenslust zunichte macht. So kann der übermäßige Alkoholkonsum in unserer Gesellschaft wohl als „Über-Ich-Aussetzungs-", als „Impuls-Förderungs-", als zeitlich begrenzte „Escape-Therapie" betrachtet werden.

Durch die Bank, also durch sämtliche Schichten, Milieus und Altersgruppen, mache ich immer wieder dieselbe Beobachtung: Es sind insbesondere die Männer, die unter der Dominanz des eigenen Gewissens, des eigenen Über-Ichs leiden. Als Mann zeige man doch keine Gefühle, denn „Mann" ist doch kein Weichei, als Mann umarme man doch keinen Freund, denn die größte Angst des Mannes in der Normalgesellschaft ist nach wie vor das Schreckensgespinst der Homophobie, und zwar in jener Art und Weise, selbst für homosexuell gehalten zu werden bzw. homosexuell konnotierte Wesenszüge wie Schwäche oder einen femininen Habitus zugeschrieben zu bekommen.

Film und TV tragen das ihre zur Aufrechterhaltung restriktiver Männerbilder bei. So signalisiert Sylvester Stallone am Ende des

Films „Expendables III" im kollektiven Miteinander höchster Erleichterung stets, dass vieles erlaubt sei, eine Umarmung unter Männern jedoch zu weit gehe.

Volltrunken im Bierzelt ist es erlaubt, seinem besten Freund in den Armen zu liegen. Als Mitglied in einem Fanklub einer Sportmannschaft ist es akzeptiert – auch bei widrigen Temperaturen –, mit entblößtem Oberkörper, Arm in Arm zu springen und Schlachtrufe zu posaunen, ähnlich verhält es sich bei Rockkonzerten, wobei hier keine Parolen verlautbart, sondern gemeinsam Songtexte gegrölt und rezitiert werden. All dies akzeptiert die Normalgesellschaft! Diese und noch weitere gesellschaftliche Nischen, in denen Herr X seinem besten Freund Herrn Y leiblich nahe sein kann, sind Teil hegemonialer Männlichkeit. Ansonsten sind die Möglichkeiten von asexueller Intimität zwischen Männern spärlich gesät.[90]

Die Selbstoffenbarungsangst, die Angst, dem Gegenüber die eigene Verletztheit bzw. Verletzlichkeit zu zeigen, die Angst, einem Bedürfnis nachzugehen, diese Angst, sie wohnt in allen von uns und ist vermutlich unter Männern ein Stück stärker ausgeprägt.

Die Wunschvorstellungen einer in unseren Landen etwa tausendvierhundert Jahre tradierten christlichen Moral sind weiterhin Teil unserer Gesellschaft, sind salopp formuliert in die DNS der dominierenden Gegenwartskultur einprogrammiert. Diese Bilder, es sind Idealbilder, die historisch gewachsen sind und phylogenetisch tradiert wurden: Denn die meisten unter uns haben Eltern, die ähnlich sozialisiert wurden, also ebenfalls in einer religiös geprägten Kultur aufgewachsen sind, die meisten unter uns wurden regulär beschult, viele unter uns konsumieren dieselben Nachrichten. So entsteht ein kulturelles Bewusstsein, ein kultureller Schatten, der die Selbstkonzepte aller Individuen zu infiltrieren versucht.

Der Angstkosmos ist polyform und findet sich in allen Ecken und Enden der Normalgesellschaft. So benötigt es freie Geister, um à la longue Bilder der Selbstbegrenzung und -kasteiung Schritt für Schritt abzubauen. Es braucht mutige Herzen, die in mutigen Menschen wohnen, um mutige Wege einzuschlagen. Zwei Reaktionen des Umfelds sind uns gewiss: Hohn und Bewunderung.[91]

III

Wir könnten uns nun in der Erörterung dessen, was da so alles in uns hineingetragen wurde, verlieren. Deshalb wollen wir noch eine letzte Differenzierung einführen und dann zu einem Ende kommen. In den vorangegangenen Absätzen wurde uns das Gewicht gesellschaftlich tradierter Introjekte bewusst, und so wissen wir nun, wie sehr wir eben nicht individuell, nicht rein wir selbst sind, sondern wie sehr wir neben all unserer Einzigartigkeit etwas historisch und kulturell Gewordenes sind. Dies birgt positive Seiten in sich, wie etwa die Möglichkeit gegenseitiger Verständigung mittels Sprache und diffiziler kultureller Codes. Zum anderen hemmen uns diese Muster, beschneidet uns das Angelernte darin, uns selbst zu entfalten, neue, leichtere, sinnerfülltere Wege zu gehen.

Diese Art von Schatten der Vergangenheit sind gesellschaftlich bestimmt, sind genealogisch determiniert, und zwar auf kollektiver Ebene. Es ist so, als würde die Gesellschaft *sui generis* in uns leben – und dies tut sie auch zum Teil, lebt in uns und durch uns weiter.[92]

Viele unter uns wurden noch mithilfe eines Übermaßes an Disziplin erzogen, mit einem Regelfetischismus, der häufig dazu führt, dass wir gegenwärtig selbst noch immer sehr hart zu uns sind, dass wir uns selbst verurteilen. Ja, das Leben vieler Großeltern und Eltern war hart. Aus dem oftmals beschworenen Nichts wurde materieller Wohlstand geschaffen, und dies mit eisernem Willen. Diese Härte des Lebens wurde Teil des eigenen Habitus und wurde dadurch häufig auch an die nachkommende Generation weitergegeben.

Neben den besagten Mustern und Glaubenssätzen, die uns (häufig) unausgesprochen, aber dennoch über Jahre und Jahrzehnte hinweg vorgelebt wurden, also über Jahre und Jahrzehnte hinweg indoktriniert wurden, gesellen sich biografische Traumata. Die Introjekte der Gesellschaft werden in der Regel nicht von einer einzelnen Person an uns herangetragen. Eltern, Nachbarn, Onkel und Tante, Kindergartenbetreuer*innen, Lehrpersonen usw., viele von ihnen sind – zumeist unbewusst – Apologeten einer bestimmten, weitläufigen Weltsicht und verfügen über einen ähnlichen Habitus.

Biografische Traumata, Schatten der eigenen einzigartigen Geschichte, sie werden oftmals von einer einzigen Person in unsere Biografie einbetoniert. So können die Ängste vom Bully von nebenan uns auch noch als Erwachsener prägen, indem wir nicht wagen, einer Autoritätsperson die Meinung zu sagen, weil die Erfahrung, nicht gegen solche bestehen zu können, noch tief sitzt.

Ich selbst bin ein Trennungskind, und so gibt es neben mir vielzählige andere Trennungskinder. Die Trennung der Eltern während des Heranwachsens des Kindes entspricht nicht den Grundwerten der Normalgesellschaft und somit in der Regel auch nicht den Grundwerten der Eltern. Im Gegenteil, diese sind häufig geplagt von erdrückenden Schuldgefühlen. Trotz der empirisch feststellbaren Häufigkeit des gesellschaftlichen Phänomens „Trennungskind" sind daraus resultierende Traumata und Problemlagen Teil der individuellen Biografie. Manchen Eltern gelingt es, in Freundschaft gleichberechtigt für ihre Kinder da zu sein, anderen wiederum nicht. Hier variieren biografische Entwicklungen und Defizite enorm.

Diese biografischen Bewandtnisse, diese Ereignisse der eigenen einzigartigen Vita, die Schatten weit in die Lebensphase des Erwachsenendaseins – und darüber hinaus – mit sich bringen können, unterscheiden sich nun von jenen Schatten der Vergangenheit, die aus der Moral der Normalgesellschaft hervorgehen. Jene Personen, die uns Schatten letztgenannter Art aufoktroyieren, fühlen sich im Recht. Nicht alle, doch eine bedeutende

Anzahl der Bezugspersonen des/der Heranwachsenden tragen Schatten des kollektiven Geistes, der dominierenden Moral der Normalgesellschaft ins Wesen der „Neophyten" hinein.

IV

Lassen Sie uns nun ein Beispiel beleuchten betreffend die kollektiven Schatten der Vergangenheit. In meiner etwa zehn Jahre währenden Berufserfahrung im Feld der Sozialpädagogik begegnet(e) mir immer wieder die Frage nach Disziplin, also die Frage, ob ein lockerer oder autoritärer Erziehungsstil angebracht sei.

Wenn wir nun in Kohorten denken, so wuchs ich selbst in einer Phase des Übergangs auf, in der zeitgleich Disziplinierung, Strenge, das Brechen des Willens von Kindern, aber auch die Wahrnehmung von Bedürfnissen sowie die Förderung von Interessen und Begabungen koexistierten. Es war der Übergang von der Moderne in die Postmoderne, das Auslaufen des alten Millenniums. Ich weiß, hier ist mein Blick subjektiv, und dies darf er bei der Darlegung eines Beispiels auch sein. Nach diesem Blick – meinem ureigenen Ich-Gefühl folgend – existieren diese beiden Seiten im Sinne Goethes in meiner Brust: zwei Seelen, die Anwendung von Autorität und die Geringschätzung der kindlichen Seele, wie auch die Möglichkeit zur Selbstentfaltung und Gestaltungsfreiheit der eigenen Vita.

Es war eine Zeit des Auslaufens einer breitenwirksamen Anwendung schwarzer Pädagogik, die dem Credo „wenn das Kind nicht pariert, ist die Maßnahme zu weich" folgte. Bezogen auf diese Thematik stützt(e) sich für vielzählige Personen der „Generation 50+" der kollektive Schatten auf Imperative wie „eine wesentlich ältere Person als du hat immer recht!" oder „deiner vorgesetzten Person hast du zu gehorchen, egal ob diese im Recht ist oder nicht!"

Wie wirken sich solche inneren Antreiber im Alltag der Betroffenen aus? In der Regel entstehen Persönlichkeitsstrukturen, die Strenge und Härte zu sich selbst – auch wenn das Umfeld diesbezüglich gar keine Signale sendet – beinhalten. Das Umfeld kann diese Dynamiken selbstverständlich verstärken, doch wohnen diese inneren Antreiber, diese inneren Autoritäten so stark im Habitus der einzelnen Person, dass es des Einwirkens des Umfelds nicht bedarf.

Für das eigene Über-Ich hingegen ist man nie gut genug – oder zumindest nur sehr selten. So kann die Dynamik punktuell nur durch die Bestätigung von außen, durch Anerkennung, durch Lob, durch Prestige unterbrochen werden. Die Dauer der Erleichterung währt jedoch nur kurz, und so geben sich die geschwollene, vor Stolz gefüllte Brust mit der Unsicherheit und der Angst, nicht geliebt zu werden, wieder rasch die Klinke in die Hand.

Der gefährliche Pfad einer unangebrachten, übertriebenen Außenorientierung ist geebnet. Diese Exzentrizität strebt ständig nach Anerkennung von jedweden Autoritäten. Diese ständige Angst vor Ablehnung kann Resignation und Rückzug, kann starke Anpassung oder aber auch einen massiven Selbstdarstellungsdrang mit sich bringen. In allen drei Szenarien bleibt ein immanenter Teil des Selbst auf der Strecke: die eigenen Wünsche, die eigenen Bedürfnisse.

Die Generation 50+ wurde streng erzogen, es galt, einer stringenten Norm zu entsprechen. Dann kamen Ausbildung und Job, dann Wohneigentum und die eigenen Kinder. Häufig beginnen – wenn überhaupt – die Protagonisten dieser Alterskohorte, sich selbst peu à peu zu schauen, sich selbst zu entdecken, wenn die eigenen Kinder außer Haus sind oder zumindest bereits in die Selbstverantwortung entlassen wurden.

An dieser Stelle dürfen wir durchaus den Verdacht hegen, dass eben jenes Phänomen, das wir als Midlife-Crisis kennen, stark mit der zuvor veranschaulichten Dynamik korreliert. Eigene

Antriebe, Neigungen und Regungen haben sich über Jahrzehnte hinweg aufgestaut, wurden zumeist über Jahrzehnte hinweg negiert. An einem bestimmten Punkt X – und häufig ist der Auslöser ein banaler – brechen Trauer, Wut und hedonistische Impulsbefriedigung aus den Herzen von Personen mit einem massiven, nach außen orientierten Habitus hervor.

Wir können nun ein zweites Beispiel zur selben Thematik anfügen. Gesellschaftliche wie auch individuelle biografische Entwicklungen schwanken häufig von einem Extrem hin zur diametralen Antipode, also hin zu dessen Gegenstück. Dieses schrittweise Austarieren gleicht der Bewegung eines Pendels. Anfangs schwingt es ausladend von der einen Seite zur anderen. Allmählich lässt die kinetische Energie nach, bis das Pendel zur Ruhe kommt, und zwar in zentraler Position inmitten beider Extreme.

Disziplin ist das eine Extrem, jetzt können wir nach dem anderen fragen. Haben wir zuvor auf jene Generation geblickt, die in den 1950er-, 1960er- und 1970er-Jahren das Licht der Welt erblickte, so blicken wir nun auf die vielbeschworene Jugend von heute. Wir wollen nun nicht in pejorative Parolen verfallen, derer sich so manche Zeitgenossen gerne bedienen.

Betreffend das Thema „Disziplin" ist die Jugend der Gegenwart häufig mit einem Vakuum an Regeln konfrontiert. So können sich Jugendliche selbst erproben und entfalten, doch führt das Fehlen von Autoritäten häufig dazu, dass die Schule abgebrochen wird, dass die betreffenden Jungen und Mädchen in Berufsausbildungen nicht bestehen. Sie gleichen häufig „Little Emperors", die gewohnt sind, alles zu bekommen.

Die Eltern handeln aus gutem Gewissen und allerbesten Absichten heraus, denn sie selbst hätten auf vieles in ihrer Kindheit verzichten müssen, und ihre Kinder sollten nun all dies bekommen. Das oben beschriebene Pendel sozialen Wandels schlägt nun also in die entgegengesetzte Richtung aus. Das Thema auf einer übergeordneten Ebene gründet sich auf dasselbe Spannungsverhältnis. Wir wollen es hier mit „Disziplin versus Laissez-Faire" bezeichnen, doch die Schatten beider beschriebener Alterskohorten könnten unterschiedlicher nicht sein.

Die Vertreter*innen der Kohorte der 1950er- bis 1970er-Jahre kommen im Alltag, im Beruf häufig gut klar. Man hat gelernt, sich Hierarchien zu fügen, hat gelernt, strukturiert und fleißig zu arbeiten. Das eigene Selbst, die Liebe zum eigenen Ich ist hier aber häufig brüchig. Emotionale Wunden werden – wenn überhaupt – erst nach der eigenen Lebensmitte geschaut und bearbeitet.

Die Jugend der Gegenwart ist sich ihrer selbst häufig bewusster. Wenn Autoritäten irren, wird dies diesen auch kommuniziert. Unterwürfigkeit und Duckmäusertum finden sich seltener als noch vor 20 oder 30 Jahren. Häufiger finden sich aber Anpassungsschwierigkeiten, sich in einer Gruppe zurechtzufinden, immer mehr Jugendlichen fällt es schwer, Arbeitsaufträgen von Lehrpersonen – sei es in Schule oder Beruf – zu folgen.

Man gibt sich lässig, cool, leger. Es gilt, zu chillen und nicht gestresst zu sein. Wirklich Leistung zu bringen, haben viele nicht gelernt. Viele müssen im elterlichen Haushalt nicht mithelfen, und somit ist Selbstverantwortung und Verantwortung gegenüber anderen ein befremdliches Konzept. So kann voneinander gelernt werden! Ältere Generationen können Struktur und Leistungsbereitschaft vermitteln, jüngere Generationen können vorleben, wie man gut in sich ruht, wie man authentisch lebt und handelt.

Ich weiß, diese Beispiele sind sehr allgemein und treffen auf die einzelne Person oftmals nicht zu. Wichtig ist die Darstellung, wie kollektive Schatten wirken können, wie sie entstehen und wie sie sich gebaren. Denn wir alle darben unter der Last kollektiver Schatten, und so frage ich Sie: Welche Schatten wurden Ihnen – zumeist unbewusst – von Ihren Eltern, Geschwistern, Verwandten, Lehrpersonen usw. aufoktroyiert?

TEIL 3: WANDLUNG

Alle Wege führen nach Rom.
(Sprichwort aus der römischen Antike)

ENTSCHEIDUNG

I

Führen tatsächlich alle Wege nach Rom? Mit Sicherheit nicht, aber immerhin sind es derer gar nicht wenige, die zu unserem Ziel führen, zum Selbst, zur Selbstwirksamkeit, zur Beantwortung der Frage nach dem Sinn. So manche Routen erweisen sich jedoch rasch als Irr- bzw. Fluchtwege, als Wege des Ablenkens, des Davonlaufens, sei es durch Tun oder Verdrängung, sei es durch ein Übermaß an Beschäftigung oder Intoxikation.

Als Generalziel wird hiermit die Entwicklung einer emanzipierten Identität verlautbart, wobei „emanzipiert" als ein Losgelöstsein von vergangenem Ballast, aber auch von gesellschaftlichen Dynamiken der Gegenwart verstanden sein darf.[93] Unsere Identität darf von dem einfachen So-Sein[94] befreit und im Gegenzug sich ihrer Einzigartigkeit bewusst werden.

Häufig handelt es sich hierbei um ein Abgehen von lang beschrittenen Wegen. Es bedarf ein Eingestehen des Beschreitens eines Irrpfades oder zumindest das Erkennen eines Nicht-mehr-stimmig-Seins eines einst eingeschlagenen Pfades. Einher mit einer solchen Erkenntnis geht häufig eine narzisstische Kränkung. Unser Ego ist gekränkt, wenn wir uns eingestehen müssen, einen Weg eingeschlagen zu haben, der nicht – oder nicht mehr – mit dem ureigenen Selbstgefühl kohärent geht.

Ich möchte Ihnen eine kurze Parabel erzählen: Ein Zirkusartist, der mit seiner vierjährigen Tochter mit dem Zelt von Le Puy en

Velay bis nach Santiago de Compostela marschierte, erzählte mir folgende Geschichte: Ein Indianerjunge hatte einen wiederkehrenden Traum, der ihn verwirrte, und so befragte er den Medizinmann seines Stammes. „Ich träumte von zwei Wölfen, einem schwarzen und einem weißen Wolf. Beide kämpften, bissen sich die Hälse blutig, zerkratzten ihre Gesichter. Was geht da in mir vor?"

Der Medizinmann deutete den Traum wie folgt: „Du stehst vor einer Weggabelung deines Lebens. Willst du im Leben deinem Herzen folgen? Willst du die Welt zu einem besseren Ort machen? Oder entscheidest du dich, dein Herz zu verschließen, den Ängsten in deinem Kopf zu folgen? All das, was du entscheidest, all das, was du denkst und fühlst, wird den Ausgang des Kampfes der beiden Wölfe bestimmen."

Die Begegnung mit besagtem Artisten war bereits im Jahr 2007 und wirkt bis heute nach, berührt nach wie vor mein Herz, geleitet mich zum Fühlen, zum Sinnieren, schenkt mir Vertrauen und Klarheit.

II

Was ist nun die Stimme des Herzens? Haben wir nicht zumeist mehrere Stimmen in uns, wenn eine Entscheidung ansteht? Drängen uns diese inneren Stimmen nicht häufig in entgegengesetzte Richtungen? Was tun?

Friedemann Schulz von Thun[95] schlägt uns eine Konsolidierung dieser inneren Stimmen vor, und zwar wie folgt: Es gilt, den Versuch zu unternehmen, inneren, widersprüchlichen Tendenzen Namen zu geben, genauer gesagt Bezeichnungen zu finden, die den Bestrebungen der jeweiligen inneren Stimme entsprechen.

Lassen Sie uns die Vita von Christopher McCandless betrachten, die in einem spannenden Buch von John Krakauer[96] aufgearbeitet wird und vielen unter uns durch den Film „In die Wildnis" (engl. Into The Wild) bekannt ist. Als junger, hochbegabter Mann mit ausgezeichnetem Hochschulabschluss entschied sich Chris – so konsequent wie möglich – frei und ohne Geld zu leben, entschied sich, die Zwänge der Normalgesellschaft zurückzulassen. Einer der Gründe – vermutlich der Hauptgrund –, warum er dies tat, war der halb bewusste Versuch des Ausbrechens des ihm innewohnenden Kindes aus der rigiden, etwas geheuchelten, perfekten Vorstadtidylle, die seine Eltern zu leben versuchten.

So wagte er sich immer weiter vor, stellte sich vor immer waghalsigeren Abenteuern, bis er schlussendlich in Alaska den Tod fand. Welche Stimmen, welche inneren Impulse mögen Chris wohl bewegt und geleitet haben? Wir bewegen uns hier im Hypothetischen, aber auch im Bereich des Plausiblen. So kann vermutet werden, dass die Macht des „inneren Rebells" die Impulse jener inneren Stimme, die wir „Familienmensch" nennen können, niedergerungen hat. Der Rebell wurde zum Oberhaupt, führte nicht wertschätzend, sondern autoritär. Andere Stimmen wurden unterdrückt, und so wurden ausgleichende Anteile des Selbst kleingehalten und/oder verdrängt.

Ein weiteres Beispiel: Der Charakter Sheldon Cooper aus der Nerd-Sitcom „The Big Bang Theory" verfügt aufgrund seines zwanghaften Habitus' vermutlich über eine äußerst präsente innere Stimme, welche wir „Regelfetischist" nennen können. Dieser Wesensanteil macht den Charakter für die Zuseherschaft ulkig und auch etwas verstörend. Für Sheldon selbst ist aufgrund dieses innerlichen Kontrollzwangs der Alltag oftmals kaum zu bewältigen.

Wie ist es nun um Ihre inneren Stimmen, um Ihre (konkurrierenden) Anteile bestellt? Gibt es ein Oberhaupt, einen Teamleiter, einen Regisseur? Gibt es ein Enfant terrible oder überangepasste Anteile? Alles ist erlaubt, vom inneren König, der inneren Domina, vom inneren Schlächter bis zur inneren weisen Frau. Es sind Ihre inneren Anteile, machen Sie diese für sich fassbar, geben Sie ihnen Bezeichnungen und versehen Sie diese mit Funktionen.

Chris McCandless Rebell hatte womöglich Angst, seine Freiheit zu verlieren und somit in der Lebensrealität spießbürgerlicher Oberflächlichkeiten zu ersticken. Sheldons Regelfetischismus hat vielleicht mangels Urvertrauens Angst vor dem menschlichen Leben per se und versucht, Sicherheit durch Kontrollzwang zu gewinnen.

Welche inneren Stimmen, welche inneren Anteile kommen Ihnen nun in den Sinn, sind spürbar und bewirken eine wie auch immer geartete Resonanz in Ihrem Gefühlshaushalt? Welche Bedürfnisse wollen diese Anteile befriedigen bzw. welchen Intentionen folgen diese? Es empfiehlt sich, anfangs immer wieder zu diesen Fragen zurückzukehren, denn es bedarf einiger Zeit, um das Sammelsurium an Stimmen und Anteilen unseres Innenlebens auszudifferenzieren und zu benennen.

Wir haben nun sinniert, reflektiert und ergründet, haben eine Ausdifferenzierung eigener Wesensanteile vollzogen, was zumeist noch nicht der Weisheit letzter Schluss ist. So wird das Ensemble gefundener Anteile vermutlich noch durch die eine oder andere Entität erweitert werden, aber auch die Funktionen und Bestrebungen der jeweiligen individuellen Impulsgeber können weiter und weiter ausdifferenziert werden. Wir sind also lediglich am Ende einer ersten Erhebung der Beschaffenheit des eigenen Innenlebens. Bereits diese Erkenntnis bewirkt ein gewisses Maß an Klarheit, an innerer Konsolidierung – Erkenntnis ist die halbe Miete! Die andere Hälfte der Miete erfordert „Teamentwicklung" im eigenen Herzen.[97]

Antworten auf die Fragen: Wer führt und wer soll führen? Wie können Antagonismen und Konkurrenzverhältnisse innerer Anteile gelöst bzw. befriedet werden? Entsprechend des Bildnisses der maximalen Kraft und Effizienz, bei der Bildung einer Faust durch das Zusammenspiel von Fingern und Daumen gilt es, auch die eigenen, oftmals widersprüchlichen inneren Antriebe aufeinander einzustimmen. Innerer Widerstreit kostet Energie, innerer Zusammenhalt gibt Kraft und Unbeschwertheit.

Wir wagen nun den Vergleich der Konsolidierung der mannigfaltigen Stimmen unseres Inneren mit dem Führen eines Unternehmens. Denn auch hier sollen sämtliche Teams und Abteilungen unterstützend ineinandergreifen, auch hier kann der soziale Organismus nur funktionieren, wenn wechselseitige Unterstützung vorhanden ist. Sei es im Unternehmen, sei es bezogen auf unser Innenleben, auf unser „inneres Team"[98], kann die Quintessenz mehr als die Summe der einzelnen Teile sein, Leichtigkeit und Lebensglück entstehen emergent durch reziproke Bestärkung eigener Antriebe.

Verfügen wir über ein funktionierendes, inneres Team, so kann es sein, dass dieses für einen bestimmten Zeitraum einen tollen Job macht. Wenn es aber zu den großen biografischen Veränderungen kommt, wie der Einstieg in das Berufsleben, die Gründung einer Familie oder der Eintritt in die Gestade der Rente, so erweist sich häufig das vertraute innere Team als inkompatibel.

Die eigenen inneren Abläufe, die nebulösen Vorgänge in der Black Box des eigenen Seins benötigen dann eine Adaptierung. Vielleicht hatte in der Zeit der Ausbildung die innere Stimme des „Abenteurers" die Führung inne. Beim Berufseinstieg – selbstverständlich abhängig von der Art und Beschaffenheit des Berufs – bietet sich eine neue Führung an, beispielsweise könnte der „verlässliche Kumpel" führen oder auch der „Siegertyp".

Im Sinne eines flexiblen Unternehmens gilt es, das innere Team den neuen Gegebenheiten anzupassen, gilt es, bedarfsorientiert und unpragmatisch eine neue, tragende Struktur zu finden. Der Weg kann durch äußere Bewandtnisse angestoßen werden, kann aber auch im Sinne einer aktiven Lebensveränderung von einem inneren Impetus ausgehend initiiert werden. Viele unter uns, die sich mit dem Inhalt dieser philosophischen Selbstfindungsreise auseinandersetzen, werden eher den zweiten Modus wählen, werden eine Optimierung des inneren Teams anstreben, um zu einem Mehr an Lebensqualität zu gelangen, auch wenn sich das Außen nicht wesentlich geändert hat.[99]

III

Wir stärken also den uns innewohnenden weißen Wolf, adaptieren unser inneres Team und können nun einfacher zu Entscheidungen gelangen. Denn wir wissen mittlerweile ansatzweise, welcher Anteil in uns gerade dominant ist, wir kennen die widersprüchlichen Antriebe und inneren Konflikte, die unsere Gedanken so häufig kreisen lassen, die so häufig Unsicherheit und Orientierungslosigkeit in unserem Herzen säen.

Entscheidungen sollen, dürfen, ja, müssen sogar aus der eigenen Authentizität, aus der wahrhaftigen Annahme all dessen, was in uns wohnt, getroffen werden, wenn wir den Weg in Richtung Steigerung der Lebensqualität einschlagen wollen. Per se bringen Entscheidungen Erleichterungen mit sich, denn unser Gehirn will Klarheit haben, unser Geist braucht einen Fokus.

Nun kann es aber so sein, dass nach der ersten Euphorie sich bereits Anteile wie die innere Zweiflende oder der innere Minderwertige ins Bewusstsein drängen. Hier gilt es, zu eruieren, ob Zweifel berechtigt ist. Denn Zweifel kann uns schützen, kann uns vom Beschreiten von Irrwegen bewahren, von Wegen, die eben nicht nach Rom führen, von Pfaden, die uns von uns selbst entfernen. Wenn der Weg jedoch in Richtung Sinn, Leichtigkeit, Selbstverwirklichung usw. führt und dennoch Widerstände jedweder Art und Gestalt hochkommen, gilt es, diese schwächenden Anteile durch die Führung des inneren Teams in die Schranken zu weisen. Wir hören die Bedenken an, doch bleiben wir in der Zuversicht, bleiben im Vertrauen und in der Freude auf das Neue.

Häufig berichten meine Coachees in Selbstverwunderung, warum sie nicht früher gehandelt hätten. Die Jahre der Illusion und Selbsttäuschung hinterlassen einen Schmerz ungelebten Lebens, hinterlassen einen schwarzen Fleck am EKG des Lebenszyklus. Im Zuge dieses Prozesses darf und soll getrauert, sollen nicht gelebtes Leben, vergebene Chancen beweint werden.[100]

Neues bringt stets Unsicherheit mit sich, Altes hält Vertrautheit bereit, auch wenn diese oft teuer erkauft werden muss. Das Neue scheint vielen unerreichbar, wenn gesellschaftliche Konventionen dieses Neue bzw. die Beendigung des Alten nicht goutieren. Die Angst vor Missachtung durch das Umfeld, die Sorge um das eigene Ansehen in der Normalgesellschaft scheint meist die größte Hürde, das größte Schreckensgespenst zu sein, sogar noch größer als jenes des Scheiterns.

Ist dieses Neue bereits in der eigenen Lebenswirklichkeit greifbar, stellt sich häufig Selbstironie, stellen sich häufig Wundern und Staunen ein, warum man sich selbst so lang gequält habe, so lange die eigenen Impulse und Wünsche klein hielt. In der Nachbetrachtung erweisen sich die einst überlebensgroßen Hürden und Schatten als nichtig und klein.[101]

Ratsam ist es, bei gefällter Entscheidung bei dieser zu bleiben, denn nochmaliges Hin- und Herüberlegen führt eben wieder zu Gefühlschaos und oftmals Energielosigkeit. Hier entsinnen wir uns des Mythos von Orpheus und Eurydike. Erfolg im Sinne der Realisierung des Erwünschten stellt sich dann ein, wenn wir bedingungslos auf unserem Weg bleiben, wenn wir nicht den Versuchungen und Zeitkillern links und rechts des Weges erliegen. Wir bleiben uns selbst, der Führung unseres inneren Teams, unserer Entscheidung treu, auch wenn der Horizont noch nicht ersichtlich ist. Demütig und gelassen schreiten wir voran auf unserem Lebenspilgerweg.

INSULARITÄT

Müssen wir es denn immer darauf anlegen, mehr zu besitzen? (...)
Ich hatte auf meinem Schreibtisch drei Kalksteine liegen
und bemerkte zu meinem Entsetzen,
daß sie täglich abgestaubt werden mussten,
während mein geistiges Rüstzeug noch unabgestaubt war.
Entrüstet warf ich sie zum Fenster hinaus.
(Thoreau 2007, 42f)

Selbstverständlich meinen es die Leute gut mit uns. Aber wenn wir immer das tun, was uns unser Umfeld empfiehlt, werden wir immer hin und hergerissen sein, werden wir wie ein Blatt im Winde sein, werden wir ein Spielball der Sorgen und Ängste des Umfelds, der Normalgesellschaft sein.

Es gilt aber, uns vor uns selbst zu verantworten, es gilt, dem eigenen Herzen zu folgen und nicht die Verantwortung abzugeben. Wenn wir Erfolg haben, freuen wir uns über unseren Erfolg, wenn wir scheitern, können wir wahrhaftig daraus lernen.

Es ist ein authentisches Leben, und es ist ein wahrhaftiges Leben – aus der Tiefe des eigenen Seins. So laufen wir nicht Gefahr, einer Midlife Crisis zu erliegen, denn hier folgen wir unserem Herzen und können wahrhaftig unser Sinnbedürfnis stillen. Doch was ist nun mit der nebulösen Begrifflichkeit „Insularität" gemeint?

I

Setzen wir auf gesamtgesellschaftlicher Ebene an, und zwar bei der in der frühen Neuzeit aufgekommenen Literaturgattung der „Utopie". Egal ob Morus' „Utopia"[102], Campanellas „Sonnenstaat"[103] oder Bacons „Neu Atlantis"[104], all diese ideellen Welten, all diese Vorstellungen einer besseren Lebenswirklichkeit fanden sich im Bildnis einer bislang unentdeckten Insel in einem versteckten Winkel eines wie auch immer lautenden, ausufernden Ozeans. Wir schließen daraus, dass es uns selbst in Gedanken schwerfällt, inmitten unseres täglichen Treibens eine andere Realität zu denken. Das Neue bedarf der Abgrenzung vom Alten: Das Alte darf aus Sichtweite geraten, damit ohne Altlasten auf einem *tabula rasa* das Neue entstehen kann.[105]

Wie kann nun an jenem Punkt gehandelt werden? Wie kann das Bestehende, das teilweise dysfunktional Gewachsene nun so modifiziert werden, um die Frage nach dem Sinn, die Frage nach dem eigenen Glück positiver zu beantworten? Hier können nun Schlagwörter und Phrasen wie „Abgrenzung", die „Fähigkeit, den eigenen Weg zu gehen" usw. bedient werden, und wenn wir mythologisch argumentieren wollen, können wir – wie im Kapitel zuvor – uns der Geschichte von Orpheus und Eurydike bedienen.

Ganz gleich welche Worte entsprechend dem eigenen Wissens- und Erfahrungsvorrat am treffendsten scheinen, es läuft darauf hinaus, einen individuellen Weg zu beschreiten, häufiger „nein" zu sagen und inmitten der Unmittelbarkeit von Alltäglichkeit und Geselligkeit ein deutlicheres Bild, eine deutlichere Vorstellung zu entwickeln, was nun zum eigenen Sein passt – und was eben nicht.

Vielleicht werden Sie dem einen oder anderen gesellschaftlichen Ereignis fernbleiben, vielleicht reduzieren Sie die Kontakte mit diesen und jenen Personen, da deren Sichtweisen und Lebensstile nicht mehr mit den eigenen d'accord gehen. Vielleicht reduzieren Sie auch Ihr Beschäftigungsverhältnis von 38 auf 25 Stunden, um mehr Zeit für sich selbst zu haben, um sich endlich einem jahrelang herbeigesehnten Herzensprojekt widmen zu können. Vielleicht reduzieren Sie auch Ihren Fernseh-, Facebook- und/oder WhatsApp-Konsum, um innerlich zur Ruhe zu kommen. Vielleicht verlautbaren Sie gegenüber Ihrem Umfeld permanente mittwochabendliche und sonntägliche Nichterreichbarkeit, um den Wirren der Informations-, Stress-, Freizeit- und Konsumgesellschaft fernzubleiben. Vielleicht schalten Sie beim Autofahren bewusst für ein paar Minuten das Radio aus, um den eigenen Gedanken, um dem eigenen Herzen Raum zu geben.

Die obige Aufzählung könnte noch über so manche Seite ausgedehnt werden, wir wollen aber folgende Conclusio formulieren: Es gibt vielzählige Möglichkeiten, im eigenen Alltag Insularität herzustellen. Von zentraler Bedeutung sind Bestrebungen, jeden Tag bewusst Situationen einer solchen Qualität herzustellen, um Alltäglichkeit aus innerer Zentriertheit heraus zu leben.

Ist das Postulat der Insularität nun eine Aufforderung zum permanenten Alleinsein? Nein! Vielmehr soll die Bedeutung unterstrichen werden, sich selbst treu zu sein. Bewusst zu fühlen, was man nun mit dem Herzen will und was eben nicht, dies gelingt vielen Menschen am ehesten, wenn Zeit zum Sinnieren vorhanden ist, Zeit zum Denken und Fühlen, wie auch immer diese „Me-Time" aussehen mag. Insularität kann als zeitlich begrenzter Rückzug von 30 oder 60 Minuten pro Tag verstanden werden, um danach umso bewusster, klarer und intensiver in Kontakt mit dem Umfeld treten zu können.

Manche sehnen sich eine ausgedehnte Me-Time herbei und schreiten über Wochen hinweg ihrem Selbst auf den Pilgerwegen dieser Erde entgegen. Andere biwakieren in unseren wunderschönen Alpen, und anderen wiederum genügt es, täglich um den Block zu flanieren.[106] Die Pluralität menschlicher Lebensformen und innerer Konstitutionen macht es an diesem Punkt glücklicherweise unmöglich, ein Patentrezept zu formulieren.[107]

Vielmehr gilt es, zu erfühlen, was wir im Hier und Jetzt, am kommenden Wochenende, im nächsten Urlaub benötigen, um wieder ein Stück in Richtung Leichtigkeit und Authentizität wachsen zu können. Wir haben im Zuge der Erörterung von Schattenidentitäten bereits gelernt, dass wir vieles getan haben, um geliebt zu werden, und wir haben uns auf unsere Erfahrungen berufen, dass diese Bestrebungen stets eine Schwächung des Selbst, stets Enttäuschungen mit sich brachten. Erwarten Sie nun nicht von sich, innerhalb weniger Tage die Transformation zu einem weisen Avatar durchschritten zu haben, der in sämtlichen Belangen über den Dingen steht. Vielmehr gilt es, peu à peu zu lernen, peu à peu das eigene Bewusstsein so zu erweitern, um zu spüren, was Ihnen gut tut und was eben nicht.

II

Lassen Sie uns noch über Bedeutungen des Wortes „gut" sinnieren und lassen Sie uns den Beispielen „Trinken" und „Essen" zuwenden: Einige Jahre habe auch ich dem Genuss diverser schottischer Single Malts gefrönt, habe den Konsum zelebriert, wie auch das rauchige, zartbittere Brennen in meinem Rachen und Gaumenbereich, die sich ausbreitende innere, gewohlsame Wärme, die sich alsbald einstellende Heiterkeit und Gelassenheit. Es war eine herrliche Möglichkeit, dem Alltag zu entgleiten, ein sehr angenehmer Weg, meinem rotierenden Geist eine Auszeit zu gönnen.

Ich weiß nicht mehr genau, wann es war, ich glaube im Jahr 2011, da merkte ich, wie ich bereits nach dem Nippen eines Ardbergs oder Lagavulins schwermütig wurde, Leichtigkeit und Lebenslust entglitten mir. Nach wie vor mundeten mir die edlen Tropfen, und dennoch musste ich erkennen, dass mir sämtliche alkoholischen Getränke zwar gut schmeckten, aber nicht gut taten.

Auch heute noch muss ich mich ab und an behaupten. Ich solle nicht so „blöd tun", ein kleiner Schluck oder ein kleines Bier würde mich schon nicht umbringen. Wenigstens zum Anstoßen solle ich ein Gläschen kippen. Ich mache mir stets einen Spaß daraus, betrachte dieses Spiel, betrachte, wie so manche Mühen unternommen werden, um mich zur gemeinsamen Zeche zu verleiten. Der Nutzen überwiegt jedoch! Ich bin mir selbst treu, folge meinem inneren Empfinden und verliere mich nicht in der Suche nach Liebe und Anerkennung im Außen. Vor allem merke ich durch mein Anderssein recht rasch, mit welchen Menschen ich kompatibel bin und mit welchen eben nicht – meine Abstinenz, ein unmittelbarer Prüfstein für die Toleranz des Gegenübers.

Lassen Sie uns noch ein weiteres Beispiel ansprechen, jenes der Völlerei. So viele unter uns schwelgen in Gaumenfreuden, die von Sachertorte, Steak oder salzigem „Knabberspaß" bereitet werden. Das Lustzentrum in unserem Gehirn fordert in der Regel mehr und mehr, im Zuge eines besonderen Anlasses wird man zudem von außen gedrängt, doch noch ein Stück nachzunehmen und die Nachspeise nicht zu verschmähen. Als Resultat eines vorzüglichen Mahls stellt sich somit alsbald kein freudvolles, zufriedenes Sättigungsgefühl ein, sondern vielmehr Ekel, Sodbrennen und der Wunsch nach einem Kräuterschnaps.

Man kann es mit dem gut Schmeckenden übertreiben, und somit bleiben als Erinnerungen digestive Unbekömmlichkeiten eines an und für sich gelungenen Festmahls. Auch hier zeigt sich die Diskrepanz zwischen „gut schmecken" und sich selbst etwas „Gutes tun" – Lustempfinden, Unachtsamkeit gegenüber den Signalen des Leibes, normalgesellschaftliche Konventionen, unser Selbsterhaltungs- und Selbstzerstörungstrieb, sie alle rittern um die oftmals halb bewusste Dominanz in unserem Sein, um unser Verhalten[108] steuern zu können.

Alkohol und Völlerei eignen sich als plastische Beispiele, wir wissen häufig genau, wenn wir ein Steak oder ein Stück Seitan zu viel gegessen haben. Betreffend die Menge der gekippten Biere oder der konsumierten Achterl Wein ist besagter Person häufig klar, auch wenn am Folgetag die Anzahl nicht mehr genau eruierbar ist, dass dem zu viel war. Viele Grenzüberschreitungen, viele Abgleiche von „Gut-Sein", „jemandem etwas Gutes tun" sind jedoch schwieriger zu analysieren und zu differenzieren.

Häufig erwähnen Coachees mir gegenüber, „zu gut" zu sein. Sie seien zu gut, um mit dem Vorgesetzten zu sprechen, da sie seit Monaten unbezahlt Überstunden machen, sie seien zu gut, um dem

Lebensgefährten, der Ehepartnerin jene sozialen Tatsachen zu unterbreiten, durch die Unmut entsteht, sie seien zu gut, um sich endlich gegenüber ihren Eltern, ihrem Vermieter usw. zu behaupten.

Dieses „zu gut" ist kein Spross einer überschäumenden, lebensbejahenden Grundhaltung, es weist vielmehr auf ungenügenden Mut, auf ungenügende Abgrenzungsfähigkeit, auf einen zu gering ausgeprägten Selbstwert hin. Dieses Zu-gut-Sein bedeutet *in realitas*, sich selbst klein zu machen, heißt, sich selbst ein Joch aufzuerlegen, um Konfrontationen aus dem Weg zu gehen. Diese Art und Weise der Lebensführung widerspricht dem Credo der Selbstliebe, aktiven Bestrebungen nach Erfüllung und Sinn, dem Wunsch nach Leichtigkeit usw. Mit einer solchen Einstellung, einer solchen Persönlichkeits- und Wesensstruktur werden Wünsche, Sehnsüchte und Visionen so lange aufgeschoben, bis sie immer seltener und seltener als fahle Gestalten infantil anmutender Träume in die Gedanken des Hier und Jetzt einströmen.

Das eigene Scheitern bzw. das Nichtunternehmen des Versuchs und somit die Angst vor dem Scheitern werden verschleiert. Ausreden wie „Ich hatte einfach nie die Chance dazu", „Die Arbeit und die allgemeine wirtschaftliche Lage haben es einfach nie zugelassen", „Mein Garten und der Haushalt brauchen einfach so viel Zeit", „Ich muss mit meinem Job zufrieden sein, den Leuten in Afrika geht es viel schlechter" usw. werden vorgeschoben. Die eigene Feigheit, die eigene Unfähigkeit, ins Tun zu kommen, werden transzendiert. Scheinkausalitäten äußerer widriger Umstände werden konstruiert, um vor sich selbst und anderen die Nichterfüllung eigener Träume zu rechtfertigen.

Ein solcher Zugang zum Leben ist bequem, da Kausalitäten immer im Außen gesucht werden, doch je vehementer jene konstruierten Zusammenhänge in die Konstitution der eigenen Identität einbezogen werden, desto schwerer wird es, doch noch den eigenen Träumen zu folgen. Jene Menschen wundern sich häufig, weshalb sie über so wenig Lebensfreude, weshalb sie über so wenig Tatendrang verfügen und weshalb sich ihr Gemüt zusehends depressiver gestaltete.

III

Wir alle erfinden Ausreden, bedienen uns Ausflüchten, um nicht voll und ganz in die Selbstverantwortung gehen zu müssen. Das Ziel dieser Reisephilosophie der Selbstfindung ist, den Grad an Selbstverblendung zu reduzieren und den Wunsch bzw. Mut zu einer authentischen Lebensweise zu forcieren. Ab und an benötigen wir den einen oder anderen Umweg, da die zu bewältigende Aufgabe nicht bewältigbar scheint, von unserem eigenen Wissens- und Erfahrungsvorrat, durch unsere eigene Selbstwirksamkeitsüberzeugung mit dem Prädikat „unschaffbar" versehen wird.

So konzentrierte ich mich in der sozialpädagogischen Arbeit mit Jungen erst mal zumeist auf das Finden eines Hobbys, auf regelmäßige sportliche Betätigung, in der Regel Krafttraining. Die so betreuten Klienten merkten peu à peu, dass die Gewichte bei den jeweiligen Übungen zusehends gesteigert werden konnten: Mentale und körperliche Stärkung stellten sich ein, Selbstwirksamkeitsüberzeugung nahm zu.

Erst als ich den Eindruck hatte, dass dieser und jener Klient wieder Freude, wieder einen positiven Bezug zum eigenen Leben gefunden hatte, erst dann begannen wir mit der Lehrstellensuche bzw. mit dem Berufsfindungsprozess. Zuvor wäre die Wahrscheinlichkeit des Scheiterns zu hoch gewesen und somit auch der negative Impetus auf das Selbstkonzept, die Psyche, das Selbst der Klienten.

Ein weiteres Beispiel: Personen, die über Jahre hinweg in ihren Partnerschaften unglücklich waren, intensivieren häufig Bewegung und Sport, suchen sich neue Freizeitaktivitäten, erweitern ihr soziales Netzwerk usw. Die Wiederverbindung mit der Partnerin/dem Partner oder die schlussendliche Trennung erweisen sich zumeist als ein abschließendes Momentum eines jahrelangen Prozesses des Selbstzweifels, der Selbstfindung, der Erweiterung eigener Handlungsoptionen.

Das Fundament einer neuen Lebenswirklichkeit gründet sich somit nicht auf den finalen Vollzug der Wiederverbindung oder Trennung, sondern vielmehr auf den zuvor entwickelten und erarbeiteten, inneren und äußeren Ressourcen. So manche Frau beginnt allein zu tanzen, beginnt mit Freundinnen Ausflüge zu unternehmen, so mancher Mann setzt sich neue berufliche Ziele und stellt sich neuen sportlichen Herausforderungen.

Ich selbst beschloss im Frühjahr des Jahres 2008 in Vollmondnächten der warmen Monate – zumeist alleine – einen Berg zu besteigen, um mit der archaischen Urkraft des Pilgers in mir in Verbindung zu treten, um aktiv Re-Naturalisierung zu betreiben, um mich vom Treiben der Welt für kurze Zeit zu lösen, um meinem Selbst wieder näherzukommen.[109] Welche Wege beschreiten Sie, welche Methoden wenden Sie an, auf welche Ressourcen greifen Sie zurück, um Klarheit herzustellen, um Zugang zu Ihrer ureigenen Kraftquelle zu finden, um Selbstverblendung entgegenzuwirken und Authentizität zu fördern?

IV

Zuvor warfen wir bereits die Frage nach dem Zwang zum Alleinsein auf. Es finden sich zuhauf Bücher in diversen Verlagsprogrammen über Retreats, übers Aussteigen. Wenn wir an Antonius den Großen denken, der Einsamkeit in der ägyptischen Wüste suchte, oder auch an Henry David Thoreau[110], der im 19. Jahrhundert Ähnliches in den Wäldern von Massachusetts suchte, so wird uns klar, dass bewusstes Absentieren von den Wirren des tagtäglichen Treibens der Menschen bereits vor der Digitalisierung des Alltags ein Teil menschlicher Erfahrungswelten war. Doch in unseren postmodernen Lebenswelten drängen sich Fragen nach dem Sinn, nach Ruhe, Gelassenheit, Entspannung und Selbstfindung umso dringlicher auf.

Als Gegenpol können wir mit Norbert Elias[111] als Soziologe und mit Johannes Mario Simmel[112] als Autor belletristischer Literatur argumentieren: Erstgenanntem zufolge sei der Mensch *sui generis* ein soziales Wesen, da wir unsere ersten Lebensjahre nur mithilfe eines schutzgebenden Umfelds überleben können und somit aufgrund dieser Zwischenabhängigkeiten das descartsche Postulat *cogito ergo sum* (ich denke, also bin ich) ohnehin nur negiert werden kann. Zweitgenannter führt uns lebensnäher vor Augen, dass eben kein Mensch eine Insel ist, dass wir – ausgenommen Personen mit sozialemotionalen Störungen wie Autisten – Nähe brauchen, um einen positiven Lebensbezug entwickeln bzw. behalten zu können.

An dieser Stelle gilt es nun, das Konzept der „Selektion" in unsere Diskussion einzuführen: nicht die bedingungslose Unmittelbarkeit i. S. beliebiger Sozialkontakte und beliebiger Freizeitaktivitäten, sondern vielmehr bewusstes Auswählen und Sondieren, ein bewusstes Differenzieren zwischen Personen, die uns wahrhaftig gut tun und welche eben nicht, zwischen Personen, welche wir nahe an uns heranlassen oder eben nicht. Wie überall, wo Menschen zueinanderfinden, gibt es Streit, gibt es Konflikte, doch dürfen ebenjene Episoden nicht die Beziehung an sich, nicht die Freundschaft, nicht das Miteinander dominieren.

Personen, die beispielsweise aus einer Opferhaltung heraus agieren, ständig ihr Leid beklagen und das Leben schwarzmalen, ebendiesen Personen dürfen verstärkte Abgrenzungsbemühungen entgegengebracht werden. Anderen wiederum, die im Miteinander das Vertrauen in die eigenen Fähigkeiten stärken, mit welchen ein positiver Selbstbezug wachsen und gedeihen kann, darf und soll Tür und Herz geöffnet werden.

Vielleicht haben Sie es bereits beobachtet: Häufig gesellt sich „gleich" und „gleich". Eine Erklärung für dieses „Gleich-Sein" bietet uns das „Resonanzgesetz". Dies kann nun mithilfe von Spiegelneuronen und/oder auch mithilfe eines metaphysischen Konzepts erläutert werden. Wie dem auch sei, häufig treffen wir auf Menschen, die durch deren Existenz Schatten und Wunden in uns in Resonanz bringen, damit wir gezwungen sind, genau diese Anteile zu schauen.

Die meisten Idealisten und Rationalisten sind sich einig: Unser Geist könne nur das in der Welt erkennen, was selbst in uns wohnt. So wundert es nicht, dass Frauen, die von ihrem Vater geschlagen wurden, oftmals Männer heiraten, die ebenfalls gewalttätig sind. So wundert es nicht, dass Männer, die von Ihren Müttern überfürsorglich und bevormundend erzogen wurden, ebensolche Frauen heiraten.

Durch das Resonanzgesetz erhalten nicht nur Seelenwunden die Chance, sichtbar zu werden, sondern wir begegnen auch Menschen – in der Regel so manche unserer Freunde, aber auch Arbeitskollegen, Nachbarn usw. –, die unter denselben oder ähnlichen Unsicherheiten und emotionalen Wunden leiden, die vor denselben oder ähnlichen Hürden stehen.

Mit einem solchen Gegenüber kann Solidarität entstehen, können Verbundenheit und wechselseitige Bestärkung wachsen. In der Regel handelt es sich hierbei um Dyaden, und so treffen sich ebendiese Zweiergespanne zum Wandern, zum Training oder zum Kaffee. So werden die Tage im Zuge von Wanderungen mit der besten Freundin besonders geschätzt, weil während des Gehens viel Raum und Zeit zum Austausch gegeben ist. So wird das obligatorische Werkstattbier im Zuge einer Männerfreundschaft genossen, bei der auch verletzte Anteile des Selbst gezeigt werden dürfen.

Das Prinzip der Insularität gilt also nicht nur für das Individuum allein, sondern auch für nahe freundschaftliche und partnerschaftliche Beziehungen und Bindungen. Insularität ist auch im sozialen Raum der „Schwitzhütte" gegeben, die seit Jahrtausenden existiert und sich gegenwärtig einer Renaissance erfreut.[113] Ebenso entsprechen Selbsterfahrungsgruppen, Einzelsitzungen bei Coaches, Lebens- und Sozialberater*innen und Psychotherapeut*innen der Anforderung einer starken Abgrenzung nach außen und somit des Gewinns von intra- und interpersoneller Sicherheit und Vertrautheit.[114]

Insularität wird also mittels Selektion erreicht, Selektion i. S. v. Entscheidungen zugunsten des eigenen Wohlbefindens. Die Basis dieser Haltung sind Selbstliebe und -gewahrsamkeit. Wenn man so sagen will, ist diese Ethik die Ideologie einer Strömung, die wir als „Selektionismus" titulieren können. Selektionismus versteht sich nun nicht verklärt, sondern als positive Antipode gegenüber der Mannigfaltigkeit postmoderner Handlungsalternativen, sie ist ein lebensbejahendes Gegenstück zu „Opportunitätskosten"[115].

Selbstverständlicherweise sind wir gedrängt, uns für diesen und jenen Weg, für diese und jene Ausbildung, für diese und jene Wohnsituation usw. zu entscheiden. Hier stellt sich nun wieder die Frage, ob das Glas halb leer oder halb voll ist. Wollen wir hier nun vom Zwang zur Entscheidung aufgrund der Nichtdeterminiertheit individueller Biografien sprechen? Oder wollen wir vielmehr von Gestaltungsmöglichkeiten zugunsten der eigenen Sehnsüchte und Wünsche sprechen, folgend dem Prinzip der Authentizität und Wertschätzung des Selbst?

Wir entscheiden uns für die zweite Variante, entscheiden uns für eine Sicht der Gestaltbarkeit der eigenen Wirklichkeit; *sapere aude* ist das Credo, und diesem wollen wir folgen.

V

Wir wollen also handeln und dies im Sinne von *carpe diem*. Von zentraler Bedeutung erweist sich, wie sich dieses Handeln gestalten soll. Wie wollen wir also handeln? Nun, es gilt, sich mit eingeübten Automatismen zu konfrontieren, zu reflektieren, zu hinterfragen, warum wir in dieser und jener Situation so und nicht anders gehandelt haben. Im Zuge dieses Prozesses gilt es also, Unbewusstheit abzulegen und uns selbst aus einer abstrahierten Position, sozusagen aus der Vogelperspektive heraus, zu betrachten.

Eine solche innere Distanzierung vom eigenen Subjekt auf einer imaginierten z-Achse hilft uns, Situationen besser zu verstehen, sie in einem breiteren Kontext zu sehen. Falls diese Methode kompliziert anmutet, können wir umgehend die Probe aufs Exempel machen: Erinnern Sie sich an eine vergangene Situation, in der Sie ebendas, was Sie meinten und für richtig hielten, „hinunter-schluckten" und entsprechend einer Konvention, vielleicht aus Angst vor einer Eskalation, vielleicht aber auch aus der Befürchtung, das Gegenüber massiv zu kränken, subjektiv empfundene Un-wahrheit von sich gaben?

Um welche Situation handelte es sich? Welche Gefühle hatten Sie bezogen auf das Spannungsverhältnis „subjektiv empfundene Wahrheit versus subjektiv empfundene Unwahrheit"? Falls Ge-fühle der Selbstverdammung, der Selbstkritik hochkommen, nehmen Sie sie an, bemühen Sie sich zu verstehen, warum Sie in der besagten Situation genauso gehandelt haben.

In einem zweiten Schritt dürfen Sie sich dann vergeben. Ver-zeihen Sie sich, Ihr Agieren, Ihr Tun in ebendiesem Moment. Es kann aber sein, dass dies im Moment nicht möglich ist, dann be-mühen Sie sich einfach weiterhin um das Verstehen des eigenen Agierens in der damaligen Situation. Sagen Sie sich einfach: „Ich hab's damals nicht besser gewusst" oder „Ich habe gespürt, dass es sich nicht stimmig anfühlt, aber ich hab es nicht geschafft, anders zu handeln". Gehen Sie immer wieder zu dieser Situation, immer wieder aus einem Bewusstsein des Verstehens heraus, um sich schlussendlich selbst verzeihen zu können.

Hier kann es helfen, die z-Achse auszudehnen, sich also vor-zustellen, sich nicht in der Flughöhe eines Vogels zu befinden, sondern sich in Gedanken so weit zu entfernen, um sich selbst, von der Stratosphäre aus oder am Mars sitzend, zu betrachten. In unseren Gedanken sind uns keine Grenzen gesetzt, und indem Sie in Ihrer Imagination räumliche Distanz vergrößern, besteht die Möglichkeit, dass ebendiese Ferne im Geiste die situationsbezogenen Verstrickungen im Denken und Fühlen zur Klärung bringen kann. Durch diese Klärung, durch dieses innere Losgelöstsein wird es dann auch leichter zu verzeihen.

Lassen Sie uns dieses Gedankenspiel weiterspinnen. Erving Goffman[116] integrierte Begriffe des Theaters in die Soziologie. Heute ist es selbstverständlich, von (sozialen) Rollen im Alltag zu sprechen. Gehen wir von Shakespear's Aphorismus „all the world's a stage" aus, und stellen wir uns nun vor, dass die zuvor imaginierte Situation eben kein Real-Life-Event war, sondern eine Darbietung auf der Bühne des Lebens.

Lassen Sie uns nun die vierte Dimension unseres Erlebens etwas aufweichen und erlauben Sie Ihrem gegenwärtigen Ich in der Rolle einer zeitreisenden Person, gleich einem Souffleur/einer Souffleuse, Ihr Ich in besagten, vergangenen Situation zu unterstützen und zu coachen. Was braucht Ihr vergangenes Ich, um anders agieren zu können – und zwar im Sinne von Authentizität und Selbstgewahrsamkeit? Was benötigt Ihr Alter Ego der Vergangenheit, um sich sicherer, um sich stärker, um sich handlungsfreudiger zu fühlen?

Wozu dient diese Intervention? Nun, wir kreieren Handlungsoptionen. Wir schaffen mehr Sicherheit, indem wir vergangene Situationen bearbeiten, wir schaffen Perspektiven, um in einer künftigen Situation anders agieren zu können. Wir wissen bereits vom Prinzip der Gleichzeitigkeit unseres Innenlebens. Denn für unser Un(ter)bewusstsein laufen sämtliche vergangene Situationen und eben auch der gegenwärtige Moment gleichzeitig ab. Der einzige Unterschied, der – bezogen auf unser Innenleben – festmachbar ist, erweist sich als Differenzierbarkeit dessen, was sich gegenwärtig in unser Bewusstsein drängt und dessen, was derzeit im Hintergrund verharrt; co-existent ist all bislang Erlebtes und Erfahrenes.

Was braucht nun Ihr Ich, das in problembehafteten, vergangenen Situationen verhaftet und dennoch im Hier und Jetzt präsent ist? Ist es Sicherheit? Ist es eine Direktive wie „nimm das Gefühl des Verkrampfens deines Magens ernst, damit es dir mit deiner Entscheidung künftig besser geht" oder „du bist nicht abhängig von der Anerkennung und Liebe von außen, du lebst aus Selbstliebe heraus, dies ist die Bastion, von welcher aus du deine Handlungen setzen darfst und sollst"? Die Varianten der Botschaften für das vergangene Ich sind vielzählig. Folgen Sie Ihren (!) Impulsen, wie Sie sich selbst, wie Sie defizitäre Anteile Ihres Selbst stärken können.

VI

Zentrierung i. S. eines klaren, handlungsleitenden Selbstbezugs ist das Ziel von Insularität. Insularität kann somit als Ausdruck eines ausgereiften Selbstkonzepts mit definierten Konturen wie auch einer auf Selbstgewahrsamkeit gegründeten Abgrenzungs-kompetenz verstanden werden.

Wie kann nun zu einem „gesunden" Maß an Abgrenzung, zu einer vitalen Balance von Ja- und Nein-Sagen gefunden werden? Nun, die unangenehme Wahrheit lautet: Es bedarf tagtäglicher Bestrebungen! Denn an jenem Tag gelingt es schlechter, am anderen besser, in jener Situation schwerer, in einer anderen leichter. Wir alle wurden von unserem Umfeld geformt, um zu funktionieren. Dies soll *per se* nicht rein pejorativ bewertet werden, soll nicht verteufelt werden. Zu einem gewissen Teil gilt es, im Alltag zu funktionieren: Es gilt, morgens aufzustehen, es gilt, die obligatorischen ToDos des jeweiligen Berufsalltags zu erfüllen, es gilt, für die Eltern Stütze, es gilt, für die Kinder Role-Model zu sein usw.

Die Inhalte jeweiliger Lebensalltäglichkeiten variieren selbstverständlich, und somit bedeutet die Phrase „Funktionieren im Alltag" für einen polynesischen Muscheltaucher etwas ganz anderes als für einen österreichischen Buschauffeur, die Anforderungen des Alltags eines nepalesischen Sherpas variieren stark zu jenen einer fünffachen Mutter, die Herausforderungen einer Hotelbetreiberin weichen massiv von jenen eines Mannes in Vaterkarenz ab usw.

Mir würde es nun Spaß machen, weitere Gegensatzpaare zu bilden. Jedoch sollen als Essenz der Buntheit polyformer Lebensstile unterschiedliche Zwänge sichtbar werden, die im Zuge von sozialen Rollen exerziert werden. Gewisse Funktionen müssen erfüllt, andere wiederum können als „Opportunitäts-Funktionen" definiert werden. Ein Beispiel: Der oben erwähnte Vater soll sich in der Karenzzeit liebevoll um sein Kind kümmern, es mit Essen versorgen, es womöglich noch wickeln usw. Gesetzt den Fall, besagter Vater verfügt über eine musikalische Ader und singt sein Kind jeden Abend in den Schlaf, so erweist sich dieses Ritual als ein wunderbares soziales „Zusatz-Gimmick", jedoch nicht als Grundvoraussetzung, ein guter Vater zu sein. Ist auch besagter Buschauffeur in der Regel gut gelaunt und zu Späßen bereit, so handelt es sich auch hier um eine zusätzliche Disposition, die nicht festlegt, ob besagte Person ein verantwortungsvoller und pünktlicher Kraftwagenlenker ist.

Wir fassen zusammen: In unserem Alltag werden gemäß unseren privaten und beruflichen Rollen Erwartungen an uns gestellt. Grunderwartungen gilt es zu erfüllen, um weiterhin den Job zu behalten, um die Lebensgemeinschaft aufrechtzuerhalten usw. Andere Tätigkeiten haben einen Zusatzcharakter, sind nicht notwendig, werden nicht von außen gefordert, können aber aus jedwedem inneren Antrieb gesetzt werden. Wie bringen wir nun die Fähigkeit, sich im Sinne der Selbstgewahrsamkeit abzugrenzen, mit obligatorischen und freien Rollenerwartungen in Einklang?

Wir wollen nun ein simples und dennoch höchst effizientes Prinzip erörtern. Entsprechende Disziplinierung im Zuge des Heranwachsens – welche in uns noch fortlebt – zeigt sich häufig kongruent zum gelebten Habitus in mannigfachen Situationen im Erwachsenenalter: Wir sind gewohnt, zu funktionieren. Wie können wir nun dieses „Funktionieren" verstehen? Wir bekommen einen Auftrag und setzen diesen unmittelbar um. Die sogenannte „Black Box", die für die Existenz nicht beobachtbarer Abläufe im Menschen steht, die sich zwischen Anforderung und Handlung, zwischen Reiz und Reaktion verortet, ist von Kindheit an mit Erfahrungswissen gefüllt und folgt Überzeugungen wie „Wenn ich nicht entspreche, dann werde ich geschlagen", „Wenn ich nicht das mache, was Mama will, hat sie mich nicht lieb" usw.

Diese frühkindlich geprägten Glaubenssätze fungieren als innere Antreiber, die wiederum auf einer wie auch immer gearteten, tief verwurzelten Angst gründen. So häufig wissen wir, dass uns dieses und jenes gut tun würde, und doch handeln wir anders, weil ein – oder gleich mehrere – Antreiber als handlungsleitende Instanz unsere Zugänge zu Selbstliebe und Selbstgewahrsamkeit unterdrückt. Dieses definierte Handlungsmuster, dieser auf Angst gründende Antreiber übergeht also Stimmen und Impulse, die unserem Wohle besser entsprächen. Über einen pragmatischen Lösungszugang verfügen wir bereits, wir wissen bereits über die Möglichkeit der Konsolidierung innerer Antreiber, um ein tragfähiges, inneres Team an positiv ausgerichteten Antreibern herauszubilden.

Wir wenden uns nun einer zweiten Methode zu, die durchaus – und zwar äußerst effizient – mit der Methode des inneren Teams vereinbar ist. Dieser zweite Weg, er führt zur nebulösen Existenz unserer ureigenen „Black Box". Wenn wir nun einen Anatomen fragen, wie besagte „schwarze Schachtel" beschaffen sei, wird er uns antworten, dass ihm eine solche im Organismus des Menschen noch nie untergekommen sei. Bei der Black Box handelt es sich um ein Kunstwort bzw. ein artifizielles Konstrukt mit dem Ziel der Verdeutlichung, dass in Interaktionen dem Gegenüber, ja häufig sogar uns selbst oftmals nicht klar ist, was in unserem Gefühlshaushalt abläuft, wenn wir überraschenderweise auf diesen und jenen Reiz von außen, auf diese und jene Weise reagieren. Ab und an wundern wir uns über uns selbst, finden *ad hoc* oftmals keine Antwort, weshalb wir eben auf jene Weise handelten, obwohl wir es so gar nicht wollten.

Diese komplexen, kaum greifbaren Vorgänge können bis heute nicht klar gefasst werden, liegen im Bereich des Hypothetischen, und es ist zu bezweifeln, ob hier die Neurowissenschaften einen Durchbruch schaffen werden. Heute keimt ein Lächeln in mir auf, wenn ich daran denke, wie ich im zarten Alter von 15 Jahren einfach nicht den Mut aufbringen konnte, das von mir geliebte Mädchen anzusprechen. Heute kenne ich mich gut genug, um zu verstehen, weshalb ich im Sommer 2009 meinen Job als Lehrer an einer Privatschule kündigte. Damals wusste ich nur, dass dies nicht mein Weg war, und so trug ich über manche Jahre hinweg Schuldgefühle in mir, diesen sicheren Job als Soziologe und Kommunikationstrainer hinter mir gelassen zu haben.

Heute weiß ich, dass ich aus der Determiniertheit ausgebrochen bin. Es erfüllte mich mit Schaudern, zu wissen, wo ich noch in dreißig Jahren arbeiten würde, zu wissen, wie viel ich in dreißig Jahren verdienen würde usw. Dies entsprach und entspricht nicht meinem Dasein, meiner Existenz, die das Leben als Abenteuer begreift.

Vielleicht haben einige wenige Yogis oder Avatare in den entferntesten Tälern des Himalaya die Black Box des eigenen Seins mit dem Licht der Klarheit illuminiert. An einem solch hehren Ziel würden wir aber scheitern, und somit gilt es, stetig den Anteil des Unbewussten zu reduzieren, um mehr und mehr Klarheit und „Selbstbewusstsein" in das eigene Denken, Fühlen und Handeln zu bringen.

Beschreiten wir nun den Weg der Insularität, so haben wir die Möglichkeit, unser Selbst zu ergründen, uns latenten, unbeleuchteten Aspekten des eigenen Seins zu widmen. Wir können einen neuen Modus des Handelns etablieren, indem wir die symbiotische Verbindung von Reiz und Reaktion aufbrechen. Tun wir dies nicht, bleibt unser Verhalten, bleiben unsere Reaktionen im Fahrwasser der Vergangenheit.

An dieser Stelle fügen wir nun Zwischenschritte ein.[117] Nach einem äußeren Reiz oder auch einem intrinsischen Impuls fügen wir den Zwischenschritt „Gefühl" ein. Wenn beispielsweise der innere Antreiber „Du kannst nie genug tun, um geliebt zu werden" sich in den Vordergrund drängt, beginnen wir also nicht unmittelbar mit der Erledigung des Haushalts, mit Sport und/oder mit Arbeit, sondern fragen uns erst mal: „Wie fühle ich mich jetzt im Moment?"

Hier wird die Situation nun etwas vertrackt, denn selten wird in unserem Bewusstsein nur eine Antwort aufsteigen. Im gewählten Beispiel könnte das Sammelsurium an Antworten wie folgt lauten: „Ich fühle mich ungeliebt, ich muss Leistung erbringen, um Geliebtsein erfahren zu können", „Ich bin müde, ich möchte noch Zeit auf der Couch genießen", „Dieses und jenes sollte ich heute noch fertig machen" usw.

Es gilt nun, in diesem Gewirr aus inneren, oftmals widersprüchlichen Stimmen Klarheit zu finden und zwar über den Weg der Wunschformulierung: Was kann eine solche bewirken? Nun, wir sind beeinflusst und geleitet von intrinsischen und extrinsischen Impulsen. Extrinsische verfügen häufig über Satzanfänge wie „Ich sollte …" oder „Ich muss …". Intrinsische Impulse können nun ausdifferenziert werden, hier gibt es ebenfalls das „Sollte" und „Muss", es gibt aber auch das „Will" und „Möchte".

Aufgrund gesetzlicher Änderungen musste ich eine Ausbildung beginnen, um weiterhin jenen Job machen zu können, den ich zu besagtem Zeitpunkt bereits fünf Jahre gemacht hatte. Mir fiel es unendlich schwer, mich für die Ausbildung zu motivieren, obwohl ich 60 ECTS hervorragend ableistete. Doch ich brach das Studium ab, weil der Impuls extrinsisch und mit einem starken „Muss" versehen war.

Die Methode des Wunsches führt uns zu intrinsisch begründeter Motivation, führt uns vom Sollen und Müssen zum Wollen. So dürfen wir uns fragen: „Was wünsche ich mir aus meinem tiefsten Inneren heraus?" Haben wir Wunschbilder gefunden, können wir auf unseren Leib im Sinne einer organismischen Qualitätssicherungsinstanz bauen, genauer gesagt: auf dessen Reaktionen. Dient eine Entscheidung, eine Handlung unserer Selbstliebe, unserer Selbstgewahrsamkeit, dient sie der Befriedigung unseres Sinnbedürfnisses, so atmen wir häufig leicht, ruhig und tief. Auch unser Magen ist entspannt, ebenso wie unsere Muskeln. Folgen wir einer äußeren oder inneren Stimme, die nicht aus unserer Selbstliebe hervorgeht, krampft sich häufig unser Magen zusammen und/oder wir atmen flach. Unsere menschlichen Leiber sind verschieden in ihrer Gestalt und Funktionsweise, und so äußert sich die konstatierte Qualitätssicherungsinstanz bei einer/einem jeden etwas anders. Die Eine unter uns spürt Signale intensiv im Magen, der andere abgeschwächt durch seichten Schlaf, die Eine spürt Verspannungen im Nacken, der andere im Lendenwirbelbereich. Über welche Wege, mithilfe welcher Zeichen spricht Ihr Leib, Ihre Körper-Geist-Seele-Einheit zu Ihnen? Welches Organ, welche Körperregion ist Sprachrohr Ihrer intuitiven Leib-Intelligenz? Nehmen Sie sich Zeit und Raum, dies zu ergründen.

Was hat all dies nun mit Insularität zu tun? Es gilt, sich selbst zu entschleunigen, sich aus den Wirren des menschlichen Alltags zum Zweck des Erlebens kostbarer Momente der Selbstschau zu befreien, um zu erkunden, welche Stimmen hier in uns widerstreiten. Es braucht ein Üben, ein Verfeinern der Perzeption unseres turbulenten Innenlebens, um wieder zu erlernen, welcher Impuls aus Selbstliebe heraus entspringt und welcher eben nicht.

Seien Sie also geduldig mit sich, bis die Umpolung des inneren Kompasses vom „Anti-Pol" des Müssens und Sollens hin zu Selbstgewahrsamkeit und Authentizität in das Denken, Fühlen und Handeln vollzogen ist. So gilt es, im Alltag stets die Phasen (1) innerer oder äußerer Impuls, (2) Befinden, (3) Wunschformulierung und (4) Handlung zu durchlaufen – diese Handlung entspricht nicht mehr dem Determinismus eines automatisierten, defizitären Reiz-Reaktions-Schematas, sondern weist den Weg in Richtung Sinn und Leichtigkeit.

VII

Ab und an sind unsere Tage gefüllt, und so hilft der beste Wille zum Rückzug nicht, wenn der Tag nicht die nötigen Stunden aufweist. In einem ersten Schritt dürfen wir uns fragen, ob nun all das, was auf der Agenda steht, unbedingt notwendig ist. Falls wir diese erste Frage mit „Ja" beantworten, dürfen wir in einem zweiten Schritt überlegen, ob die uns immanente Definition von „Notwendigkeit" zielführend ist oder ob sie abgeändert werden darf. Falls keine Korrektur des Konstrukts dessen, was individuell als Notwendigkeit verstanden wird, vorgenommen wurde oder falls auch nach Adaption dieses Konstrukts noch immer ein „Ja" steht, gilt es, auf Rituale zurückzugreifen, die bereits vorbei erarbeitet werden sollen.

Rituale können sich als aufgeblasene, bedeutungsschwangere Zeremonien gebaren, welche einen getakteten Tagesablauf *ad absurdum* führen würden. Sie können aber auch als regelmäßig wiederholte Handlungsabfolgen definiert werden, mit denen der eigene Alltag besser bewältigt werden kann. Ein jeder/eine jede unter uns verfügt über sein/ihr eigenes Guten-Morgen-Ritual, auch wenn es sich lediglich um die Ausführung und Abfolge der Lektüre der Zeitung, der Durchführung der Morgenhygiene wie auch die Zubereitung bzw. den Verzehr des Frühstücks handelt.

Das Ziel jener Rituale, von denen hier die Rede sein soll, ist ein bewusstes Andocken an das eigene Fühlen, die eigenen Bedürfnisse, um sich zu entschleunigen, um Kraft zu tanken. So kann es dem Einen dienlich sein, während der ersten fünf Minuten der allmorgendlichen Autofahrt das Radio ausgeschaltet zu lassen, um sich einer Atemübung zu widmen, so kann es der Einen dienen, Facebook nur über den PC zu konsumieren und die besagte APP vom Smartphone zu löschen, so kann es dem anderen dienlich sein, abends noch eine Runde um den Block zu spazieren, um die Gedanken zu befreien, so kann es der anderen dienen, neben dem Fernsehen einige wenige Yoga-Asanas zu praktizieren.

Welche Rituale haben Sie bereits in Ihren Alltag integriert, um Kraft zu tanken, um sich eine kurze Auszeit zu gönnen usw.? Durch welche Rituale könnten Sie sich noch besser unterstützen, um Ihrem Alltag noch mehr Qualität zu geben?

Mithilfe ausgewählter und praktizierter Rituale steigt die Wahrscheinlichkeit, auch während Tagen der Vieltätigkeit bei sich selbst zu bleiben. Solche Tage müssen jedoch die Ausnahme bilden, da Insularität ansonsten schwerlich praktizierbar ist, da Sinn im Mahlstrom der Überforderung rasch verloren geht.

Primär gilt es, in ein selbstbestimmtes Leben abseits typischer Triebschicksale, abseits der „Normalität der Normalgesellschaft" hinüberzugleiten. Ja, aus dem Blickwinkel der Normalgesellschaft werden wir uns ab und an unsozial verhalten, und dennoch dient dieser partielle Konventionenbruch dem vordringlichen Ziel der Selbstliebe und Selbstgewahrsamkeit.

EXKURS: AKTIONS-REGENERATIONS-BALANCE

Im Zuge der Erschließung von Insularität wollen wir uns noch einem Konzept widmen, das stets Befremdlichkeit in mir hervorruft, der viel bemühten und oftmals überstrapazierten „Work-Life-Balance". Sie werden sich nun fragen, was daran schlecht sei, denn der Mensch sei doch *sui generis* nicht allein für die Arbeit geboren, sei vielmehr dazu bestimmt, nach Sinn, nach Entfaltung und Glückseligkeit zu streben.

Ein solch humanistischer Impetus hat durchaus Berechtigung und wird selbstverständlich auch von dieser vorliegenden Philosophie der Selbstfindung wahrgenommen und integriert. Doch wird im selben Atemzug die Vereinbarkeit des Konzepts der Work-Life-Balance mit dem Prinzip der Insularität infrage gestellt. Denn Freizeit bedeutet nicht automatisch Entsprechung von Insularität. Wir kennen so manche Rentner, die noch im betagten Alter von der Normalgesellschaft getrieben sind, wir haben Freunde und Bekannte, die bemüht sind, jede kleinste Lücke ihrer Woche zu verplanen, um den Kriterien der Erlebnisgesellschaft mit ihrer zwanghaften Diesseitsorientierung zu entsprechen, wir ertappen uns auch selbst immer wieder dabei, Diverses vorzuschieben, um nur ja nicht diesen und jenen Schmerz in unserem Herzen schauen zu müssen.

Insularität ist Freizeit, aber Freizeit nicht automatisch Insularität! Sie ist vielmehr eine Facette von Freizeit mit Qualität der Muße, des Rückzugs, des ehrlich-authentischen Miteinanders. Insularität ist ein Entrücktsein von den Wirren des menschlichen Alltags, eine Bastion in unserem Inneren, ein Kraftquell des eigenen Seins.

Das Konzept der Work-Life-Balance erweist sich für diese Ansprüche als zu platt. Es impliziert eine Drittelung des 24-Stunden-Tages in acht Stunden Schlaf, acht Stunden Arbeit und acht Stunden „Leben". Der Mensch wird entzwei gerissen, wird gezwungen, ein Doppelleben zu führen, denn Arbeit sei kein Teil des Lebens, was bei näherer Betrachtung jeglicher Vernunft entbehrt. Wir alle haben jedoch die Erfahrung gemacht, dass unsere Herausforderungen im Job beschwingt gemeistert werden können, wenn wir privat ein Hoch erleben, und wir mussten auch feststellen, dass die Arbeit schwerfällt und von so manchen Misserfolgen gekennzeichnet ist, wenn der Haussegen schiefhängt.

Work-Life ist Humbug! Mehr Sinn würde es machen, zwischen „Money-earn-Life" und „Not-Money-earn-Life" zu differenzieren, doch auch diese Differenzierung befriedigt den gegenwartsdiagnostisch-lebenswirklichkeitsbezogenen Geist kaum. So stehen wir nun da, im Dickicht des eigenen Zeitmanagements, und wünschen uns eine klare Guideline.

Was tun? Wir wollen uns nun trennen vom Kriterium des Gelderwerbs und wenden uns der Dimension „Aktivsein" zu, die sich zwischen den beiden Polen „Aktion" und „Regeneration" verortet. Beim besagten Aktivsein ist es also egal, ob es sich um Gelderwerb handelt, die Tätigkeit als Kassierer bei einem Eisschützenverein oder den Zahnarztbesuch mit Oma Frieda: All diese Tätigkeiten – und viele weitere – sind dem Aktionspol zuzurechnen.

Wo bleibt nun die Regeneration? Es ist wichtig, ausreichend zu schlafen, doch wir benötigen auch Regenerationszeiten, in denen Geist und Herz wach sind, um zu sinnieren, um zu reflektieren, um loszulassen. Diese Zeit muss nun nicht unendlich ausgedehnt sein, doch deren Regelmäßigkeit ist von großer Bedeutung. Manchen genügen fünfzehn Minuten pro Tag, andere brauchen eine Stunde für sich allein oder mit einem nahen Menschen. Aktion und Regeneration benötigen also nicht dieselbe Zeitquantität, doch soll Qualität in Gefilden des Innehaltens bzw. des Entrücktseins von der Welt besonders groß geschrieben sein.

Diese unsere Selbstfindungsreise ist nicht dogmatisch, will uns nichts aufzwingen. Wenn das Konzept der Work-Life-Balance für die eine oder andere Person gut funktioniert, dann obliegt es der Selbstverantwortung, ob diesem Konzept die Treue gehalten wird. Die Aktions-Regenerations-Balance will ein alternatives Bild zeichnen, das sich gegen die Allmacht des Work-Life-Balance-Konzepts stemmt – und sie hat guten Grund dazu! Die „philosophische Reise der Selbstfindung" vertritt einen holistisch-integrativen Zugang zum Mensch-Sein und somit keine Schubladenkonzepte. Vielleicht können Sie sich mit der „A-R-Balance" anfreunden, und vielleicht schätzen Sie diesen gegenwärtigen Augenblick als fruchtbare Regenerationsphase für diesen Tag.

GEGENTEILTAG

I

In der Comic-TV-Serie „Spongebob Schwammkopf" wird in einer Episode demselben Protagonisten von seinem griesgrämigen Nachbarn Thaddäus Tentakel weisgemacht, dass der gegenwärtige Tag „Gegenteiltag" sei. Spongebob springt unverzüglich auf diese Idee auf, mit dem Ergebnis, dass er sämtlichen Meeresbewohnern, denen er begegnet, stets das Gegenteil sagt von dem, was er denkt. So ist rasch das Chaos perfekt.

Die Idee des Gegenteiltages wollen wir dennoch nicht verwerfen, denn sie kann sich als durchaus nützlich im Sinne von „Playing Identities"[118] erweisen. Vielleicht erinnern Sie sich an ein Ereignis, einen Ausflug, einen Urlaub usw., bei dem Sie für einige Zeit fern von Ihrem gewohnten Umfeld, von vertrauten Personen, von Ihrer Alltäglichkeit waren. Vielleicht war diese Erfahrung tragisch für Sie, vielleicht waren Sie zerrissen vor lauter Heimweh, vielleicht nutzten Sie aber auch die Chance, um sich selbst auszuprobieren, um sich selbst neu zu erfinden – sozusagen den Status quo Ihrer damaligen Identität, Ihres damaligen Lebensstils zu prüfen und gegebenenfalls zu adaptieren.[119]

Die Möglichkeit, sich selbst neu zu erfinden, sie besteht jederzeit, an jedem Tag, in jedem wachen Moment. Häufig ist es nun so, dass wir uns selbst dieses Ausprobieren nicht zugestehen, und hier wollen wir uns nicht nur auf die Phase der Adoleszenz beziehen. Die Normalgesellschaft will es in der Regel aber so: Man dürfe sich selbst ausprobieren, aber dann, in etwa ab Mitte bzw. Ende zwanzig, solle man doch über eine stabile Identität verfügen, um diese, gleich einem Korsett, bis zum Ende der eigenen Tage zu tragen. Doch machen Identitätskonstruktionen ohne Ablaufdatum tatsächlich Sinn?

Die philosophische Reise negiert diese Frage mit Bestimmtheit! Wir berufen uns an dieser Stelle auf das zuvor erörterte Prinzip der Insularität, auf den Rückzug von Beziehungen, die uns nicht tragen und auf die Intensivierung von Beziehungen, die unserem Wachstum, unserem ureigenen Wesen dienlich sind. Wir berufen uns auf Herzenswünsche und -projekte, für die im eigenen Alltag Platz geschaffen werden darf, wir berufen uns auf immanente Wesenszüge des Menschens wie dem Drang nach Freiheit, nach Sinn, nach Authentizität.

Die Normalgesellschaft durchlief im Laufe der letzten beiden Jahrhunderte bereits eine wesentliche Veränderung, denn die Phase der „Jugend" in der Normalbiografie eines Mitglieds westlicher Gesellschaften existiert noch nicht sehr lange. Gesamtgesellschaftlich zeigen die Tendenzen der Figurationen in Richtung Selbstbestimmtheit und Freiheit. Nun wollen wir noch einen Schritt weitergehen: Auch in der Adoleszenz, auch im Erwachsenendasein, aber auch als klapprige/r Greis/in, soll es möglich sein, sich selbst neu zu denken, neu zu fühlen, neu zu erfinden.

Erfahren Mitglieder des urbanen Bildungsbürgertums oder Mitglieder des Selbstverwirklichungsmilieus bereits breite Unterstützung durch deren Umfeld, so schleicht in ländlichen Regionen noch ein Schreckensgespenst umher. Sobald Regungen zur massiven Lebensumgestaltung hochkommen, werden diese sogleich durch die Angst niedergerungen, was denn die Nachbarn, die Arbeitskolleg*innen, die Familienangehörigen sagen würden.

So kann es sein, dass Ihnen im Alter von 40, 50 oder 60 Jahren, falls Sie Ihre Lebensgewohnheiten radikal ändern, ein stärkerer Gegenwind ins Gesicht bläst. In der Regel kommt dieser aber von jenen Protagonist*innen der Normalgesellschaft, die es eben nicht wagen, dem eigenen Herzen zu folgen. Das könne man doch nicht tun, was würden die Nachbarn sagen, wie würden die Arbeitskolleg*innen über die eigene Person denken usw. Diese Individuen werden Sie nicht unterstützen, denn sie müssten sich eingestehen, dass auch deren Herzen unerfüllte Wünsche und Sehnsüchte hegen.

Was wäre die Alternative zu Herzensentscheidungen? Es wäre das Verharren in Selbstverleugnung und somit die Nichterfüllung von Träumen, von Sehnsüchten. Gehen wir nun in Gedanken vor zu den letzten Gestaden unseres Erdendaseins. Falls wir nicht der Demenz erliegen, ist es vor allem das ungelebte Leben, sind es die nicht erfüllten Herzenswünsche, die besonders schwer wiegen, die eine positive Abschlussbilanz der eigenen Vita schwer möglich machen!

Unlustvermeidung wurde über Jahrzehnte hinweg betrieben, nach außen wirkte ein solches Leben oftmals wunderbar wünschenswert, und trotzdem gewann die Melancholie immer häufiger überhand, bis sie sich schlussendlich wie ein Dauernebel auf die Wiesen und Felder der eigenen Seelenlandschaft legte. Die Sonne in Gestalt von Leichtigkeit und Lebensfreude wurde nur noch selten gesehen.

Zurück ins Hier und Jetzt. Wir wollen uns also nun nicht hinter gesellschaftlichen Konventionen verstecken, wollen keine – stets plausiblen – Ausreden vorschieben. Vielmehr wollen wir uns einer positiven Aggressivität bedienen. Wie ist nun Aggression mit dem Beschreiten des eigenen Herzensweges vereinbar?

Die lateinische Wurzel von Aggression lautet „aggressio", was bedeutet „sich auf etwas zuzubewegen". Das Ziel ist klar – es wurde bereits mehrmals in den Seiten zuvor verlautbart – das eigene unverfälschte, authentische Selbst. Vor allem im Habitus der österreichischen Kultur tun sich an diesem Punkt aber ungeahnte Gräben auf. Nirgendwo auf dem Globus dürfte das Thema der Schuld, dürfte die negative Konnotation von Macht und Aggression so tief in die Seele der Gesellschaft eingeschrieben sein, wie es in Österreich der Fall ist. Wir verfügen über eine kollektive, geprügelte Seele, die seit der Schlacht bei Königgrätz an uns haftet.[120]

Aggression steht aber nicht nur für Zerstörung und Unheil, sie ist auch Antrieb und Lebenskraft. Ohne Aggression würden wir morgens nicht dem Bett entsteigen können, ohne Aggression kann sich die/der Jugendliche nicht von der Lebensauffassung der eigenen Eltern lösen, um eine eigene Identität zu entwickeln. Aggression *sui generis* ist Kraft, ist Lebensenergie – das Spannungsverhältnis, das sich in vielen lokalen und globalen Szenarien zeigt, ist jenes zwischen positiv motivierter und fehlgeleiteter Aggression.

Wir wollen keinesfalls der „dunklen Seite der Macht" anheimfallen. Vielmehr wird uns die Dringlichkeit klar, einen positiven Zugang zu unserer ureigenen Aggression und Lebenskraft zu finden, um uns von bisher Gelebtem zu verabschieden, um uns von bestimmten Menschen und Situationen zu distanzieren: Wertschätzende Abgrenzungsfähigkeit ist eine unabdingbare Ressource, ist Ausdruck von positiv-konnotierter Aggression, ist eine Möglichkeit, „Nein" zu diesem und jenem zu sagen und zugleich „Ja" zum eigenen Weg, zur Selbstgewahrsamkeit.

Wir dürfen also lernen, ab und an eine „I-don't-give-a-Shit-Mentality" an den Tag zu legen, dürfen uns darin üben, uns selbst treu zu bleiben. Die Devise gilt: kontra gesellschaftliche Restriktionen und pro die eigene Selbstentfaltung!

II

Hier ist nun der Fokus von Bedeutung, denn es gilt, keinesfalls Querulant zu sein, keinesfalls sich als Enfant terrible zu gebaren. Vielmehr soll unser Denken und Fühlen, wie auch die daraus resultierenden Handlungen, auf ebendas ausgerichtet sein, was sich im Alltag des Einzelnen realisieren soll. Durch die Haltung „gegen dies und das" können sich Aktions-Reaktions-Schleifen wie im Falle des Sisyphos einstellen. Vielmehr wollen wir „für etwas" leben!

Wir sind also nicht gegen die Unfreiheit des Menschen, sondern für dessen Selbstbefreiung, wir sind nicht gegen die Angepasstheit des Individuums, sondern für die Entfaltung dessen Einzigartigkeit usw. Wir entsinnen uns wieder unserer Arbeitsmetapher des „Gefäßes", das mit unserem Bewusstsein gefüllt ist. Angenommen, wir würden uns stets gegen diese und jene Problematik auflehnen, diesen und jenen Missstand bekämpfen, wo wäre dann der Platz im begrenzten Gefäß unseres Bewusstseins für das Neue?

Wir würden uns im Kreis drehen, wir würden kämpfen, kämpfen, kämpfen – und würden ebendiesen Kampf immer stärker in unser Herz hineintragen. Indem wir zum Zwecke des eigenen Friedens, der eigenen Lebendigkeit agieren, besteht die Möglichkeit, der Ausweglosigkeit des Sisyphos zu entkommen. Die Handlungen unterscheiden sich kaum – oftmals sogar gar nicht –, doch der Impetus auf das menschliche Innenleben ist unversehens groß! Ist das Bewusstsein, das Denken, sind die eigenen Antriebe auf Kampf, Anprangerung und Beschuldigung gerichtet, oder liegt die innere Realität auf der Neugestaltung konfliktträchtiger Beziehungen, auf dem eigenen Weg, auf positiver Lebensveränderung?

In diese janusköpfige Fratze gilt es, zu blicken, und die Entscheidung über das „Wie" obliegt jeder Person selbst. Immer wieder befinden wir uns an solchen Weggabelungen, immer wieder gilt es, diese Entscheidung aufs Neue zu fällen. Um hier auf dem eigenen Weg zu bleiben – oder erst auf den eigenen Herzensweg zu kommen –, braucht es Klarheit, braucht es die Fähigkeit, sich abgrenzen zu können, braucht es einen positiven Zugang zur ureigenen Aggression als Lebenskraft! Welcher Tag wird Ihr erster/nächster Gegenteiltag sein?

EXKURS: SELBSTVERANTWORTUNG

Herr und Frau Österreicher würden von einem Schmäh sprechen, Herr und Frau Deutscher von einem Trick, im Schwyzerdütsch bin ich leider nicht bewandert, die Eidgenossen mögen mir verzeihen. Die Frage, die sich stellt, ist jene, wie wir uns selbst hinsichtlich der Übernahme der Verantwortung für unser Sein unterstützen können. Diese Frage kann keinesfalls erschöpfend beantwortet werden, und zwar aufgrund der Unerschöpflichkeit menschlicher Lebensformen und -stile, die eine Synchronizität unerschöpflicher innerer Lebenswelten vermuten lassen. Ausgehend von der Prämisse der Existenz von etwa 7,5 Milliarden innerer Lebenswelten können wir den einen oder anderen Schmäh, die eine oder andere Methode, die eine oder andere Imagination durchexerzieren.

Folgend der Pluralität der Lebensformen und subjektiven Wirklichkeiten, nimmt meine Person in dieser philosophischen Reise keine Rolle eines Gurus ein, mimt keine allwissende, sakrosankte Instanz. Im Gegenteil, ich selbst befinde mich im Mahlstrom der Zeit, in der Ambivalenz von Anforderungen von außen und den Bestrebungen, meinen inneren Impulsen zu folgen.

Aus freien Antrieben begann ich im zarten Alter von 15 Jahren, mich in Selbsthypnose zu üben, später kamen Retreats, Pilgerfahrten, Studien, Ausbildungen und vor allem Lebenserfahrung hinzu, so beschreite ich den Weg der Selbstexploration bereits seit der Phase meiner Adoleszenz. Durch Ausprobieren, durch „trial & error" habe ich Techniken, Strategien, Wege des Denkens gefunden, die mich weiterbrachten bzw. -bringen.

Kurzfristig wäre es einfacher, all meine Weisheiten, Methoden und Strategien – oder jene eines selbst stilisierten Heilsapologeten – zu übernehmen, doch zeigt sich individuell-genuin Gewachsenes für andere Biografien meist als Irrweg. Es würde keinen Sinn machen, ja, wäre sogar kontraproduktiv, Lebensweisen von einzelnen Menschen als die einzig wahren zu stilisieren.

Vielmehr gilt es, für eine jede Person in einer Zeit ohne vorherrschende Heilsversprechung, ohne hegemoniale Ideologie, den existenzialistischen Zwang zur Selbstverantwortung anzunehmen. Dem sartreschen Sinnkosmos folgend, sind wir alle in die Welt geworfen, sind wir alle dazu verdammt, diese unsere Gegebenheiten anzunehmen und das Beste daraus zu machen. So darf, ja, muss ein jeder Protagonist der Spezies Homo sapiens ein Methodenrepertoire, Tricks und Schmähs etablieren, die (unterstützend) eingesetzt werden, um sich selbst zu finden bzw. sich selbst treu zu bleiben.

Das vorliegende Schriftwerk zeigt sich stark philosophisch, obwohl es genauso gut auch als Ratgeber, Arbeits-Paper, Selbsthilfebuch oder Methodensammlung bezeichnet werden könnte. Es will Offenheit und Unbegrenztheit der Gedanken suggerieren, und vielleicht hilft der einen oder anderen/dem einen oder anderen Leser*in die Erkenntnis, dass die hier vorgeführten Gedanken so gar nicht mit der eigenen Art und Weise des Denkens und Fühlens kongruent gehen.

Denn ein klärender Zugang zu all dem, was man wahrhaftig möchte, kann auch die Konkretisierung all dessen sein, was man eben nicht möchte. Sherlock Holmes offeriert uns diese Denkweise, diese Art und Weise des Ergründens von Problemlagen durch ein Ausschlussverfahren, um schlussendlich zur Lösung zu kommen, auch wenn diese vorab abseits der eigenen Perspektive lag.

Diese aporetische Methode, die bereits von Aristoteles entwickelt und von den Scholastikern praktiziert wurde, dient uns auf dem Weg der Vergewisserung des Selbst. So empfehle ich meinen Coachees häufig, einfach mit dem Tun zu beginnen! Denn nur durch das Machen von Erfahrungen, durch das Sammeln von Einblicken in diese und jene Szene, in diesen und jenen Arbeitskontext kann ein innerer Abgleich vollzogen werden, ob die gemachten Erfahrungen mit dem eigenen Innenleben kompatibel sind oder eben nicht.

So lässt sich konkretisieren, was eben stimmig in diesem Moment, in dieser aktuellen Lebenssituation ist und was eben nicht. Der kurz- und mittelfristig einfachere Weg ist jener, dem zu folgen, was dieser und jener Arzt in dieser und jener TV-Informationssendung gesagt hat, was in der Sonntagsbeilage der abonnierten Zeitung des Vertrauens stand usw. Inputs von diversen Medien sind keinesfalls zu verteufeln, jedoch gilt es, Informationen nicht ungefiltert wie ein Schwamm aufzusaugen. Vielmehr ist es von großer Bedeutung, zu fühlen, ob das eigene „Leib-Selbst" mit dieser und jener Information in Resonanz steht – und zwar in eine Resonanz des Wohlbefindens. Denn was für die Nachbarn Schmidt, was für Tante Mizzi stimmig ist, muss noch lange nicht für uns selbst stimmig und praktikabel sein – und umgekehrt.

Egal wie wir es wenden und drehen, um uns nicht zu verlieren bzw. uns selbst zu finden, so kommen wir doch nicht daran vorbei, der Komplexität des menschlichen Daseins ins Angesicht zu blicken und durch einen positiv-intensiven Selbstbezug zu selektieren, was nun für die eigene Vita, für die unmittelbare, subjektive Lebensaktualität stimmig ist und was eben nicht. Wir dürfen lernen, bei uns zu bleiben, im Angesicht der Versuchungen, Verlockungen und Verführungen der Welt um uns herum, um somit mehr und mehr die Prämisse der Selbstverantwortung in unsere Lebenswirklichkeit zu manifestieren.

Momente der Ganzheit

Ein weißer Forscher in Afrika, der es eilig hatte, voranzukommen,
bezahlte seine Träger für eine Anzahl von Gewaltmärschen.
Aber sie, fast an ihrem Ziel angekommen,
stellten die Bündel ab und weigerten sich, weiterzugehen.
Keine noch so hohe zusätzliche Geldsumme konnte sie umstimmen.
Sie erklärten, sie müssten warten, bis ihre Seelen sie eingeholt hätten.
(Chatwin 1996, 310f)

Seien wir doch ehrlich, so häufig fühlen wir uns unvollständig, so oft sind wir auf der Suche nach Ganzheit. Die Leichtigkeit, das unmittelbare freudvolle Erleben des inneren Kindes in der Unmittelbarkeit des Augenblicks rückt so häufig in weite Ferne. Wie können wir uns nun motivieren, an der Stange zu bleiben, weiterhin Tag für Tag Sinn, Leichtigkeit und Selbstgewahrsamkeit entgegenzustreben? Zwei Methoden sollen offeriert werden, bevor wir inhaltlich in dieses Kapitel einsteigen.

I

Neue Gedanken, neue Zugänge bedeuten stets das Beschreiten neuer Wege, Wege, die Konfrontation mit der einen oder anderen uns innewohnenden Angst bedeuten, Wege, die aber auch besser dem entsprechen, wie wir wahrhaftig fühlen. Als Prämissen dieser Umgestaltung der eigenen Lebensaktualität erweist sich die Annahme der Ist-Situation wie auch der Verantwortung über das eigene Leben, das eigene Sein, die noch zu gestaltende Zukunft.

Ausgehend von diesen beiden Prämissen – Akzeptanz und Selbstverantwortung – wenden wir uns nun der ersten Methode zu, die hier vorgestellt werden soll, jener der „Bewusstmachung der eigenen Endlichkeit". Erinnern Sie sich zurück an Situationen, in denen Sie selbst mit Unklarheit kämpften. Vielleicht befinden

Sie sich sogar gegenwärtig in einer solchen. Häufig verhält es sich so, dass eine anfangs klare und deutliche Herzensintention durch Grübeln, Studieren und widersprüchliche Meinungen von außen vollkommen verworren erscheint. Das Chaos ist perfekt!

Wie nun wieder aus dieser Misere herauskommen, wie nun wieder innerlich Klarheit schaffen? Klarheit entsteht von selbst, wenn wir die Wege der Fokussierung und Zentrierung beschreiten. Der Fokus ist rasch erklärt, er liegt auf der (deontologischen) Maximierung von Sinn- und Glücksempfindungen. Die Thematik der Zentrierung begegnet uns in sämtlichen Gestaden unserer philosophischen Reise – und darüber hinaus.

Fokus erlangen wir, indem wir innerlich eine Zeitreise durchführen. Keine Sorge, die philosophische Selbstfindungsreise verlangt nichts Unmögliches von Ihnen, will Sie nicht in ferne Gezeiten wie H. G. Wells entführen, der die Idee des Zeitreisens populär machte. Für unsere Zwecke genügt es, lediglich auf der Zeitachse der eigenen Biografie gedanklich in die Zukunft zu „reisen", und zwar zu einem Zeitpunkt wenige Wochen vor dem eigenen Ableben. Visualisieren Sie sich selbst sitzend auf einer idyllischen Bank und in eine pittoreske Landschaft blickend. Dort halten Sie Rückschau, Rückschau auf Ihr gesamtes Leben, das wie ein Film im Zeitraffer vor Ihrem inneren Auge vorüberzieht. Welche Entscheidung würde Ihr Zukunfts-Ich gutheißen, die im Hier und Jetzt oder in naher Zukunft zu fällen ist?

Im Angesicht des nahen – wenn auch fiktiven – Todes kämpft sich oftmals jener intrinsische Impuls, der dem Tiefsten unseres Seins entspringt, wieder an die vorderste Front des Bewusstseins. Am Ende unserer Tage will unser Leben gelebt sein, und hier beziehen wir uns nicht auf Quantität, auch nicht auf ekstatische Lebensweisen wie jene von Mozart oder Janis Joplin. Es geht um den Mittelweg zwischen Wachstum und Sicherheit, zwischen Leben für den Moment und Aufbau einer Zukunft, es geht um Aktion und Regeneration.

Atmen Sie bewusst und tief, schließen Sie Ihre Augen. Worüber wäre Ihr künftiges Alter Ego erfreut? Durch welche Entscheidung(en), durch welche Handlung(en) würde die Gesamtbilanz Ihres Lebens Aufwertung erfahren? Diese Methode ist einfach und wirksam, doch erfordert sie den Mut der unmittelbaren Selbstschau. Ist diese Bereitschaft vorhanden, ist Ehrlichkeit gegenüber dem Konstrukt der eigenen Identität hergestellt, so genügt der Zugang zu Imagination und innerer Resonanz.

Sie können durch dieses Vor-Augen-Führen der eigenen Endlichkeit ein authentisches Selbst etablieren, können verhindern, Irrwege einzuschlagen, auf denen Sie gleich einem Vagabunden durch die eigene Vita wandeln. Diesem Umhertreiben in Zeit und Raum wirken wir durch das Setzen von Prioritäten und einem bewussten Fokussieren auf Sinn und Glück entgegen.

Als andere Methode soll hiermit die „Orientierung am Glücksempfinden" vorgestellt werden. Wann fühlten Sie sich zum letzten Mal wahrhaft glücklich? In welcher Lebensphase waren Sie am glücklichsten? Was haben Sie damals anders gemacht als jetzt? Oder anders gefragt: Haben Sie im Laufe der Zeit mehr und mehr Leichtigkeit und Glückseligkeit in Ihr Leben integriert, oder verhielt es sich gegenteilig?

Kevin Spacey in Gestalt des Lester Burnham im Oscar-gekrönten Hollywood-Blockbuster „American Beauty" ist bemüht, ebendiese verlorene Lebendigkeit wiederzufinden. Er negiert die spießbürgerliche Etikette, lässt eine Unlust vermeidende Klischeewelt zurück, begibt sich auf die Suche nach Leichtigkeit und Lebendigkeit seiner Jugendjahre und versucht, diese wiederzuerwecken. Sein Erwachsenendasein verlief in geordneten Bahnen, doch ging er der Freude am Leben, dem Leuchten in den Augen verlustig.

Wie so häufig ist der Plot übertrieben-dramatisch und soll keinesfalls als Vorlage für unser Handeln und Verhalten dienen. Dennoch beweist die fiktive Person des Lester Burnham Mut, indem sie ihr Leben ändert, indem sie sich auf die Suche nach Ganzheit macht.

Der französische Humanist Francois Rabelais formulierte bereits vor ca. 500 Jahren den Sinnspruch: „Kinder sind keine Fässer, die gefüllt, sondern Feuer, die entzündet werden wollen." Und so frage ich Sie, wurde Ihr Feuer jemals entzündet – und wenn ja, lodert es nach wie vor, oder wurde es gedämpft oder sogar ausgelöscht? Wofür brannten Sie mit Hingabe mit Ihrem ganzen Herzen? Wofür können Sie sich heute noch begeistern? Hier müssen wir nicht theoretisch schwelgen, sondern können uns ganz unmittelbar selbst befragen: „Bin ich glücklich oder eben nicht?"

II

Wenn die Antwort „Nein" lautet, können wir nach dem „Wann" fragen: „Wann hatte ich das letzte Mal ein Empfinden von Ganzheit, von Unbeschwertheit, von vollkommener Leichtigkeit?" In der Durchschnittsvita stellen besagte Gefühlszustände Raritäten dar, erweisen sich als Diamanten auf der Perlenkette situativer Abfolgen von Lebensereignissen von der Geburt bis zum Tode.

Vielleicht liegt jener Moment, der Ihnen in den Sinn kam, schon Jahre, vielleicht auch Jahrzehnte zurück. Vielleicht erscheint Ihnen ebendieses vergangene Erleben unwirklich, als ob es von einem Leben vor diesem Leben herrührt, von dem Sie sich gegenwärtig Äonen entfernt wähnen. Was kam Ihnen in den Sinn? War es das Verliebtsein in jungen Jahren, war es ein „perfekter" Sonnenuntergang? Woran können Sie sich bildhaft erinnern? Gehen Ihre Gefühle dabei in Resonanz?

Gesetzt den Fall, es stellt sich keine Resonanz ein, bemühen Sie sich um die Verlinkung positiver Erinnerungen mit Fotos, mit Musik, mit Gerüchen, mit dem Aufsuchen von besonderen Orten wie einstige Urlaubsdestinationen oder spezielle Plätze der Kind-

heit usw. Eine jede/ein jeder unter uns verfügt über solche Licht-
blicke der eigenen Vita. Im Zuge der Selbstfindung werden lediglich (oftmals) vergessen geglaubte Zugänge wiederentdeckt und
„freigeschaufelt". Falls Sie gegenwärtig in einer massiven Lebenskrise sind oder falls Sie von den Fängen einer Depression in die
Knie gezwungen werden, vergewissern Sie sich, dass Leichtigkeit und Lebendigkeit in Ihnen, in Ihrem Sein als Leibsubjekt abgespeichert sind, derzeit aber unter ausuferndem Schmerz, unter
peinigender Schwere vergraben liegen.

Wenn sich Resonanz einstellt, lassen Sie positiv-intensiv
empfundene Regungen zu, die – womöglich lange – vergangen,
aber dennoch in Ihnen gespeichert und somit abrufbar sind.
Wir erinnern uns an die zuvor postulierte Gleichzeitigkeit des
Seelen(er)lebens. Für einen Teil unseres Selbst fand der besagte
Moment gerade erst statt. Möglicherweise hilft Ihnen diese Ge-
wissheit, die Gefühlsqualität von Ganzheit in die Gegenwart zu
transferieren. Denn auf diese gilt es aufzubauen, dieses innere
Erleben darf und soll zum Brennpunkt des Handelns werden, zum
Letztziel all unserer Bestrebungen.

Der Dalai Lama spricht vom Finden innerer Glückseligkeit
und – in einem zweiten Schritt – vom Bewahren dieser, und dies
unabhängig von den Bewandtnissen und Ereignissen der Lebensaktualität. Glück darf, ja, soll nicht abhängig vom Äußeren sein,
vielmehr Urzustand der eigenen Existenz. Ausgehend von der
Fehlbarkeit meiner subjektiven Außenwahrnehmung begegneten
mir bereits Menschen, die dem Tode nahe waren und vor Freude
strahlten, und ich traf Menschen, die „alles" hatten, die zutiefst
betrübt waren.

Geld und materielle Sicherheit sind nicht alles, dienen aber
dazu, Basisbedürfnisse befriedigt zu wissen, um sich den Fragen des
Sinns, der Selbstverwirklichung, der Herzenswünsche überhaupt
zuwenden zu können, und doch hinkt auch diese Aussage in ihrer
so plausiblen, vorgegebenen Richtigkeit. Denn wer ist glücklicher?

Ist es der depressiv gewordene Manager, der im Zuge einer Auszeit in einem indischen Ashram bemüht ist, seine Lebensgeister wieder zu wecken? Oder ist es die alleinerziehende, finanziell überforderte, um die menschenwürdige Existenz kämpfende und doch täglich mit ihrem Kind lachende, alleinerziehende Mutter?

Wie würden Sie nun in diesem Beispiel angesichts der Ambiguität des Glückskonzepts verfahren? Ist es die finanzielle Freiheit des Managers oder sind es die Mutterfreuden in prekären Lebensverhältnissen? Wir wollen keine Bewertung vollziehen, denn sie wäre nicht sinnvoll.

III

Verzeihen Sie mir bitte die manchmalige Darlegung von Episoden meiner Vita, doch ebenso wie Thoreau[121] schreibe ich von mir selbst, weil ich mich eben am besten kenne und zudem nicht Gefahr laufe, eine dritte Person zu kompromittieren. Somit bin ich so frei und erzähle Ihnen nun den prägendsten Glücksmoment meiner Vita. Im Jahr 2002 beschritt ich zum ersten Mal den Jakobsweg. Es war ein heißer Sommer. Mehrmals freute ich mich darauf, einen Fluss zu überqueren, doch warteten meist Enttäuschungen auf mich, als ich über oftmals wunderschöne, historische Brücken schritt, die zu meinem Leidwesen lediglich über ausgetrocknete Flussbette führten.

Nachdem ich in Santiago de Compostela angekommen war, entschied ich mich aufgrund mangelnder Zeit, mit dem Bus zum Kap Finisterre zu fahren, um das einst geglaubte „Ende der Welt" zu besuchen. Als ich dann dem Tosen, der brachialen Gewalt, dem unendlichen Blau des Atlantiks gegenüberstand, beschloss ich, im folgenden Sommer die Etappen von Santiago bis nach Finisterre zu pilgern, um den äußeren Weg, aber vor allem meinen innerlich-unvollständigen Weg zu komplettieren.

Gesagt, getan! Als ich dann im Sommer 2003 mein Versprechen einlöste und zum zweiten Mal an besagtem Strand ankam, als ich wieder den Wellen der Costa del Morte verfiel, konnte ich mich nicht mehr von diesen lösen. So saß ich da, überwältigt von überschäumenden Gefühlen, in einem innerlichen Seinszustand, den man mit dem Prädikat „entrückt" versehen könnte. Ich war ganz nah bei mir und ganz fern von all dem, was sich um mich herum zutrug.

Dieses Erleben, diese innere Ekstase, dieser unverhoffte, zeitlich begrenzte Austritt aus dem Fluss des gewohnten Empfindens, dieses „Einfach-nur-Sein" wirkt bis heute nach, ist *axis mundi* meiner Bestrebungen, ist Maxime meines Handelns. Dieses Gefühl von Ganzheit, genauer gesagt, diese Erinnerung von Ganzsein ist mein tagtäglicher Antrieb, mein Motor, meine intrinsische Motivation.[122]

Ausgehend von der Prämisse der Gleichzeitigkeit des Seelen(er)lebens bin ich im gegenwärtigen Moment, in dem meine Fingerkuppen in rhythmischer Monotonie die Tasten meines Notebooks betätigen, im Geiste, in meinem Herzen wieder an besagtem Ort. So scheint mir das schäbige Zugabteil, das für die kommenden beiden Stunden meine Verortung sein wird, weniger real als jener Moment, der bereits 15 Jahre zurückliegt.

Dieser Moment, der mich nun schon so lange so intensiv begleitet, ist der Diamant der Perlenkette der Erlebnisse und Erfahrungen meiner bisherigen Vita. Ich wünsche Ihnen aus tiefstem Herzen, ebenfalls auf einen Moment (oder mehrere) der Ganzheit und Wahrhaftigkeit aufbauen zu können.

IV

Warum ist nun im Prozess der Selbstfindung ein solcher Moment der Ganzheit wichtig? Nun, wir brauchen eine Richtschnur, ein Ziel unseres Handelns und Seins. Häufig findet sich das Ziel im Außen in Gestalt der Schaffung von Wohneigentum, des Kaufs des Traumautos, der Gründung einer Familie, des Besuchs dieses und jenes fernen Reiseziels usw. Auf basaler Ebene suchen wir in all diesen Bestrebungen der Selbstverwirklichung und -entfaltung, der Sicherung und Konsolidierung der Lebensverhältnisse stets den inneren Gefühlsstatus von Ganzheit: Wir wollen uns einfach „ganz", einfach „vollständig" fühlen.

Legen wir unseren Fokus auf das Erleben im Außen, auf Materielles, so erwarten wir uns von Anschaffungen, vom Besuch neuer Orte usw. Sinn, Erfüllung und Ganzheit. All dies scheint durch das Glücksempfinden im Zuge der Reise, durch die Erfüllung des Kaufvorhabens zum Erreichen nahe, doch unversehens gleitet das Ersehnte wieder in die Ferne ab. Gleich der Parabel des Sisyphos streben wir stets einem hehren Ziel entgegen, um dann schlussendlich doch immer wieder zu scheitern, um ein rastlos Suchender zu bleiben, eine orientierungslos Umherdriftende.[123]

Eine Variante dieser Problemstellung, Herr bzw. Frau zu werden, ist jene der Quantität: Eine „konsumistische" Identität stellt sich ein, die nach dem Kauf eines neuen Handys, die nach dem Besuch des Taj Mahals alsbald wieder in den Zustand der Unzulänglichkeit verfällt. Dieses und jenes würde man noch brauchen, diesen und jenen Ort müsse man noch aufsuchen, um sich schlussendlich vollkommen fühlen zu können.[124] Die eigene Biografie wird zur chronologischen Abfolge unablässiger Konsumation, die Ich-AG wird zur Menagerie angehäufter materieller und immaterieller Waren, am Ende der Ökonomisierung des Selbst steht dessen Kommodifizierung – doch Ganzheit bedeutet mehr als die Summe sämtlicher Teile.

Die Ausrichtungen der Drifter auf postmodernen Irrfahrten sind stets auf die Zukunft gerichtet, sind getrieben von Heilserwartungen, von den Hoffnungen auf künftige Heilsempfindungen. Tagtäglich begegnen uns Versuchungen der Abkehr von der Unmittelbarkeit des Hier und Jetzt, denn unser Wirtschaftssystem gründet sich auf der nicht zu hinterfragenden Prämisse permanenten

Wachstums. Der Neokapitalismus, in all seinen perfiden, omnipräsenten Ausdrucksformen, suggeriert uns jederzeit „Unvoll-
ständigkeit", um sich an dem dadurch entstehenden Gefühl der
Leere laben zu können.

Der Impetus der Werbung wirkt stark und wird perpetuiert
durch den Druck der Normalgesellschaft. Wenn sich beispielsweise mehr und mehr Personen des eigenen Umfelds ein E-Bike
anschaffen, dann braucht man doch auch eines, um mithalten
zu können. „Keeping up with the Jones" lautet die Devise! Wenn
also Nachbar Schmidt einen Pool baut, muss ein vergleich-
barer auch den eigenen Grund zieren, wenn Arbeitskollegin
Müller auf die Malediven verreist, so sollte die nächste Reise-
destination auch eine idyllische Feriendestination in der Nähe
des Äquators sein.

Wenn ich im Zuge solcher Gespräche mein Bemühen verkün-
de, eher wenig besitzen zu wollen, bleiben häufig die Antworten
aus, da der Gedanke eines materialistischen Reduktionismus so
verquer mit den Sinngehalten der Normalgesellschaft läuft, dass
viele Gesprächspartner häufig nicht wissen, wie sie reagieren sollen. Ein Beispiel: Als eine in einer Skiregion aufgewachsene und
teils auch lebende Person werde ich immer wieder ungläubig be-
äugt, wenn ich verlautbare, dass ich keine Skitouren gehe, weil
ich keine doppelte Skiausrüstung besitzen will – wenig zu besitzen, ein unvorstellbarer Seinszustand für viele.

Doch war und ist das Gepäck der Mönche nicht am leichtesten
auf dem Weg ins „himmlische Jerusalem"? Verschafft uns nicht
die Tendenz zum Immaterialismus die Möglichkeit, das eigene
Selbst freilegen zu können? Ist nicht der „manische" Hang zum
Konsumismus Ausdruck eines massiven Mangels der eigenen
Existenz? Streicht durch die oben skizzierte Fokussierung auf er-
hofftes künftiges Ganzheitsempfinden nicht das eigene Leben
unausgefüllt an uns vorbei? Wie nun umgehen mit diesen Dys-
funktionen?

Die Erkenntnis ist unglaublich trivial und doch eine hohe Kunst im Treiben des Alltags. Wir brauchen Regeneration, Raum, Muße, Freiräume, um eben nicht von der Gesellschaft getrieben zu werden, sondern vielmehr bewusst mit unserem Inneren und dem Außen in Verbindung treten zu können. Wir tun dies im Bewusstsein, dass weder der Besitz eines Porsches noch ein Luxusurlaub in Dubai das Gefühl von Ganzheit herstellen können. Vielmehr darf die eigene Vita mit einem solchen Grad an Freiheit geführt werden, um innere Freiheit zu gewährleisten. Diese innere Freiheit ermöglicht einem jeden Einzelnen von uns, tagtäglich Ganzheit im Herzen zu suchen und zu finden.

Das Streben nach Ganzheit, nach der Gewissheit, voll und ganz in sich selbst zu ruhen, darf, ja, muss unabhängig von äußeren Belangen sein. Die Fokussierung von bereits empfundenen Momenten der Ganzheit gibt das Ziel vor, gibt uns Gewissheit, dass Ganzheit bereits in unserem Herzen wohnt, dass wir diese gleich dem „Zwiebel-Prinzip" Schicht für Schicht, Lage für Lage aus uns selbst herausschälen können.

Vielleicht ist es Ihnen bislang nicht gelungen, sich eines Moments der Ganzheit zu entsinnen. Wählen Sie stattdessen eine Erinnerung, die dem nahekommt, wählen Sie Situationen der Leichtigkeit und Lebensfreude. Wir alle verfügen über solche Diamanten entlang unserer Lebenslinie, Sie können diese nutzen, können Empowerment durch die Wiederverbindungen mit intensiv empfundenen Momenten der Lebendigkeit erfahren, haben die Chance zu entdecken, dass Sie vieles, nach dem Sie sich wahrhaftig sehnten, unmittelbar in Ihrem Herzen tragen.

Exkurs: Un(be)greifbares

Trotz jahrhundertelanger Aufklärung, trotz des oftmals angebrachten Skeptizismus gegenüber tradierten Glaubensrichtungen bleibt Vages zurück. Eine vollkommene Entzauberung der Welt mag (vielleicht) wünschenswert erscheinen, und doch bleibt sie unerreicht, bleibt ein Phantasma, bleibt das Shangri-La des Rationalismus. Aus diesem Grund schlägt die „philosophische Reise der Selbstfindung" nicht in dieselbe Kerbe. Vielmehr geht sie von der Grundannahme der Unmöglichkeit der Entzauberung des Mensch-Seins aus. Denn das Gefühl von Ganzheit wird sich vermutlich niemals valide messen lassen, Intuition stets ein Mysterium bleiben! Versuche, Glück mithilfe quantitativer Forschungsmethoden zu messen, bereiten den Weg zur Lächerlichkeit, sind eher Farce als Annäherung zur Realität.

Wir wollen uns nun kurz dem zuwenden, was landläufig unter Intuition, vielleicht auch unter Transzendenz verstanden wird. Gemeint ist Ähnliches, vielleicht sogar Dasselbe: Es geht um die Benennung von etwas, das *sui generis* nicht greifbar, nicht benennbar ist. So scheitern wir bereits zu Beginn mit dem Vorhaben, etwas gedanklich zu erfassen, was eben nicht fassbar ist. Dennoch lohnt sich das Bemühen in der Gewissheit der Unmöglichkeit des Findens einer Letztwahrheit.

Eine Konkretisierung des subjektiven Verständnisses dieses immanenten Anteils unseres Seins ist aber sehr wohl möglich, und so orientieren wir uns am Axiom der Pluralität postmoderner Lebensauffassungen und Sinnkonzepte. Beginnend mit diesem Unterbau, ist nun eine jede Person aufgefordert, selbst eine Definition dieses Un(be)greifbaren in Anbetracht der eigenen einzigartigen Lebenswirklichkeit zu erwirken.

Meine Rolle kann hier nur jene sein, einen Rahmen zur Verfügung zu stellen. Das Gefäß Ihres Bewusstseins will von Ihnen selbst gefüllt werden! Wir wissen bereits: Bewusstsein ist die

Summe all dessen, wie wir uns selbst sehen, was uns selbst ausmacht im Fühlen und Empfinden, im Kontext und Kontinuum. Wie können wir nun vorgehen, um uns im Angesicht des Un(be)greifbaren nicht im Irrgarten des Vagen zu verlieren?

Selbst so manche hart gesottenen Psychotherapeut*innen gestehen sich – mal früher, mal später – aufgrund von Erlebnissen im Zuge von Therapiesitzungen oder der eigenen Vita ein, dass dieser und jener Vorfall nicht mit dem Wissen der eigenen Berufsgilde, nicht mit dem Wissensvorrat des zur Verfügung stehenden Theorienrepertoires erklärbar ist. An dieser Stelle, an diesem Punkt des möglichen Erkennens lade ich Sie nun ein, den Zugang zu Ihrem ureigenen Un(be)greifbaren zu suchen und zu finden, ich lade Sie ein zur Neugier, zum Staunen, gleich einem Kind, ob der Komplexität und Vielschichtigkeit des eigenen Seins.

Oben wurde *prima vista* verdeutlicht, dass unser Bestreben zum Scheitern verurteilt ist. Dies ist es tatsächlich, wenn wir uns lediglich auf unsere Ratio berufen. Wir wollen uns jedoch eines tetradischen Modells des Mensch-Seins bedienen. So wollen wir uns nicht als reinen Geist definieren, obwohl dies Descartes und so manchem Nachfolger entsprechen würde, wir wollen uns auch nicht als Körper-Geist-Einheit verstehen, auch wenn Maurice Merleau-Ponty[125] in Verzückung geraten würde. Wir betrachten uns auch nicht als „Körper-Geist-Seele-Einheit", auch wenn dies Gestalttherapeuten und -berater bestätigen würden. Vielmehr definieren wir uns als „Körper-Geist-Gefühl-Un(be)greifbares-Einheit"![126]

Sie und ich als Mensch, wir sind konstituiert durch unseren Körper, unsere Gedanken, unsere Gefühle und all dem Un(be)greifbaren, das da ist und doch nicht in Worte gefasst werden kann. Dieses Nicht-Greifbare ist nun nicht räumlich zu denken, im Sinne einer exzentrischen Entität, die uns gleich einer nebulösen Aura umgibt bzw. uns innewohnt. Vielmehr führt uns die Frage nach der topografischen Verortung in unserem physischen Leib bzw. außerhalb desselben nicht zum Ziel, da sich hierzu keine plausiblen Antworten finden lassen. Vielmehr soll dieser Aspekt unseres Seins als unbewusste und halb bewusste Erweiterung unserer Körper-, Geist- und Gefühlsebene verstanden sein.

Manche unter uns spüren, wenn es einem geliebten Menschen nicht gut geht – auch wenn sich dieser am anderen Ende der Welt befindet. Vielleicht haben Sie ab und an mit Bestimmtheit gespürt, was Sie mit dem Verstand nicht wissen konnten, vielleicht hat es Sie selbst betroffen, vielleicht nahe Menschen, vielleicht vergangene oder künftige Ereignisse usw. Das Un(be)greifbare bleibt verborgen hinter unseren Sinnen, hinter den Kapazitäten des Bewusstseins, hinter dem Theorien- und Methodenkomplex wissenschaftlicher Forschung. In diesen nebulösen Territorien erweisen sich empirische Analysen und probabilistische, statistisch-signifikante Aussagen als zwecklos, und so sind wir wiederum auf unsere Selbstverantwortung zurückgeworfen.

Wir können uns an die Entzauberung der Welt klammern und versuchen, das Un(be)greifbare zu negieren, oder wir erlauben unserer Intuition neben all unseren anderen Anteilen co-existent zu sein, um wahrhaftig einem inneren Zustand von Ganzheit entgegenstreben zu können. Wofür entscheiden Sie sich?

SELBSTLIEBE

„Siehst du, Momo", sagte er dann zum Beispiel,
„es ist so: Manchmal hat man eine sehr lange Straße vor sich.
Man denkt, die ist so schrecklich lang;
das kann man niemals schaffen, denkt man." (...)
„Und dann fängt man an sich zu eilen. Und man eilt sich immer mehr.
Jedes Mal, wenn man aufblickt, sieht man,
dass es gar nicht weniger wird, was noch vor einem liegt." (...)
„Man darf nie an die ganze Straße auf einmal denken, verstehst du?
Man muss nur an den nächsten Schritt denken,
an den nächsten Atemzug, an den nächsten Besenstrich.
Und immer wieder nur den nächsten."
(Michael Ende 2005, 38)

Häufig verlaufen individuelle Biografien gleich einem Bilderbuch, und dennoch ist der einzelne Mensch todunglücklich. Im Gegenzug begegnen uns Personen, die von massiven Schicksalsschlägen gebeutelt wurden, und dennoch sprühen sie vor Leichtigkeit und Lebensfreude. Ein unverzichtbarer Mosaikstein auf dem Weg zu Leichtigkeit, auf dem Weg zum Schließen von Seelenwunden ist ein positiver Bezug zum eigenen Selbst.

„Selbstliebe" erweist sich als viel bemühtes Schlagwort diverser Heilspropheten wie auch vielzähliger Selbsthilfeschriftwerke. Man müsse sich selbst einfach etwas Gutes tun, müsse sich regelmäßig eine Auszeit nehmen usw. Doch so einfach dürfte die Sache mit der Selbstliebe nicht sein, denn wir alle haben Anteile in uns, die wir annehmen und lieben können, es wohnen aber auch andere, oftmals diametral ausgerichtete Anteile in unserem Herzen, deren Annahme schwierig fällt – Selbstvergebung und Selbstliebe scheinen in diesen Gefilden oftmals unerreichbar.

Wir wissen bereits: Selbstliebe bedeutet wertschätzende Abgrenzung von Personen und Situationen, die uns nicht gut tun, sie bedeutet das Streben nach Sinn(en), sie meint gelebte Konsolidierung des inneren Teams und auch Integration des Gefühls von Ganzheit. Wie kann nun der sakrosankte Virtus schier unerreichbar scheinender Selbstliebe noch (be)greifbarer werden?

I

Als Individuen, die in einer Welt der Polarität, einer Wirklichkeit der Dualität leben, können wir uns dem Objekt dieses Kapitels über dessen Antipode nähern. Als Gegenteil von Selbstliebe definieren wir Selbsthass. Schwächen wir dieses Extrem ab, so begegnen wir der Geringschätzung des eigenen Seins. Wie zeigt sich diese nun in unserem Alltag?

Geringschätzung erfolgt häufig durch den Abgleich mit anderen, erfolgt aber auch durch den Abgleich mit einem unerreichbaren Ideal. Wir schätzen uns selbst gering, wenn wir uns als nicht gut genug, nicht schön genug, nicht muskulös genug, nicht wohlhabend genug erachten. Die Psychodynamik gleicht hierbei einem Richterspruch, ausgeführt von einer totalitären Moralinstanz. Die Rolle dieser Instanz übernimmt das Über-Ich, jene des/der Angeklagten, ein zumeist bereits emotional verunsicherter Anteil unser selbst. Wir tragen beide Akteure dieses innerweltlichen Thrillers in uns.

Immer wieder werden populärwissenschaftliche Untersuchungen an uns herangetragen, wie häufig Frau und Mann tagtäglich an Sex denken. Viel interessanter fände ich die Frage, wie häufig sich Frau und Mann tagtäglich selbst klein machen, sich selbst denunzieren. Im Zuge unserer Selbstfindungsreise dürfen Sie sich nun fragen, wie häufig Sie sich Tag für Tag, Stunde für Stunde verurteilen. Wie oft denken Sie sich insgeheim, dass Ihre Figur nicht liebenswert sei, dass Sie zu wenig leisten, dass Sie zu wenig Mann, zu wenig Frau sind?

Hiermit lade ich Sie zum Zwecke der Selbstexploration ein, ein Memo auf Ihrem Smartphone zu erstellen oder einfach Zettel und Stift mit sich zu führen. Analysieren Sie einen Tag lang Ihre Schuldsprüche gegen sich selbst, Ihre Verurteilungen in den 12 bis 20 Stunden des wachen Tages. Vielleicht verurteilen Sie sich bereits innerhalb der ersten fünf Sekunden des Tages mit der Angst, zu spät in der Arbeit zu erscheinen, vielleicht ärgern Sie sich beim Verlassen der Wohnung, dass keine Zeit für den Abwasch blieb. Bekämpfen Sie sich selbst stärker im Privatleben oder im Berufsalltag? In welchen Belangen ist Ihr Unterbewusstsein besonders streng mit Ihnen? Agiert Ihr Über-Ich besonders häufig, wenn es um äußerliche Attribute geht oder inmitten sozialer Interaktionen oder wenn kognitive Anstrengungen gefordert werden?

Ja, es ist sinnvoll, all das im eigenen Sein kennenzulernen, das weit entfernt von dem liegt, was wir als Selbstannahme, als Selbstgewahrsamkeit, als Liebe gegenüber dem Selbst bezeichnen. Es erweist sich ebenfalls als sinnvoll, einen Vergleich zu vollziehen, ob unsere „Intrakommunikation" häufiger Kritik oder Lob aufweist. Werden die sanften Stimmen der Wertschätzung an allen, an vielen, an manchen oder keinen Tagen in Quantität, aber auch Qualität (i. S. v. Intensität) von jenen der Kritik des Sich-selbst-Niedermachens überrollt?

In einem ersten Schritt gilt es also, mittels eines hermeneutischen Verfahrens mit heuristischer Ausrichtung die allgemeine Tendenz der inneren „Verurteilungs-Lob-Dynamik" zu erfassen, denn im Alltag werden uns im Zuge der Selbstexegese einige punktuelle Ereignisse in der besagten Matrix des Selbstbezugs durch die Finger rutschen. Tendenzen und Häufungen lassen sich aber sehr wohl erkennen! So kann nach einem Analysetag an einem weiteren Tag die Probe aufs Exempel gemacht werden. Nutzen Sie einfach die hier in diesem Unterkapitel thematisierte „Selbstverurteilungs-Selbstlob-Achse", um sich in puncto Selbstgeringschätzung und Selbstliebe besser kennenzulernen. Wie immer handeln Sie im Sinne der Selbstverantwortung, und so obliegt es Ihnen, wie intensiv Sie sich selbst beforschen.[127]

II

Um noch etwas klarer verstehen zu können, um diese Dynamik bzw. den Einfluss dieser Dynamik auf den eigenen Alltag kognitiv wie auch emotiv fassbarer zu machen, wollen wir gebräuchlichere Konzepte menschlicher Interaktionen analysieren, und zwar handelt es sich um „Scham" und „Stolz". Nun drängt sich die Vermutung auf, und wir wollen dieser nachgehen, dass Stolz Selbstlob bedingt und Scham Selbstverurteilung.

Tatsächlich können wir – und dies keineswegs im Sinne einer paradigmatischen Verknappung – Scham und Stolz als „Grundemotionen" unseres sozialen Lebens definieren.[128] Scham empfinden wir bei Ablehnung, empfinden wir im Zuge informeller Sanktionierung(en) durch andere. Beispielsweise empfinden viele Personen Scham, wenn sie zum Singen aufgefordert werden. Jedes Kind, das weder stumm noch taub ist, singt. Singen liegt in unserer Natur! Doch häufig wird unsere Singbegeisterung im Zuge unserer Genese durch unser Umfeld gedämpft oder sogar ausgelöscht. Die Tätigkeit des Singens ist fortan in Verbindung mit Scham und Geringschätzung in uns abgespeichert.

Scham wird häufig auch beim sommerlichen Baden und beim winterlichen Saunieren empfunden, vor allem dann, wenn die eigenen Proportionen nicht dem entsprechen, was als Idealbild des Frau- und Mann-Seins in unseren Köpfen abgespeichert ist. Viele unter uns empfinden Scham, weil das vorhandene Budget den Kauf des erträumten Autos verbietet, wodurch im Sinne eines materialistischen „Federschmucks" keine vier Ringe bzw. kein Stern als Statussymbol zur Schau gestellt werden können.

Stolz empfinden wir durch Bestätigung von außen. Angenommen unsere Eltern und Kindergartenbetreuer*innen haben unsere Singversuche positiv bestärkt, so kann dies zur Selbstannahme führen und den Mut, in weiterer Folge in einem Chor oder solistisch zu singen. Wichtig ist, hier ein authentisches Feedback zu geben bzw. zu erhalten, denn Selbst- und Fremdbild sollen möglichst kongruent sein, um den Aufbau einer stabilen Identität zu fördern. Überzogene Selbstbilder führen uns nicht zu Erfolg und Lebensfreude, sondern zu den „Leider-nein-Kandidaten" bei „Deutschland sucht den Superstar".

Im Kindes- und Erwachsenenalter empfinden wir Stolz, wenn wir von außen vermittelt bekommen, dass es gut ist, so wie wir sind, dass es gut ist, so wie wir Dinge machen oder gemacht haben. Doch diese rein soziologische Sicht greift zu kurz, da hier der schöpferische Aspekt des Menschens außer Acht gelassen wird. Denn meist ist es nicht mehr das Umfeld, das uns verurteilt oder lobt, sondern es sind die schwächenden und stärkenden Anteile unseres Selbst!

Nach der oben vorgestellten Möglichkeit der Selbstexegese haben wir nun die Möglichkeit, unser Selbst von unserem Umfeld zu entkoppeln. Nelson Mandela und Jeanne d'Arc, Moses und Mahatma Gandhi erfuhren schier unerträgliche Geringschätzung und Missachtung, und dennoch ließen sie sich nicht von ihren Wegen abbringen. So nutzen wir die Chance, aus dem Determinismus der Normalgesellschaft auszusteigen und wählen die Freiheit, uns Self-Empowerment zukommen zu lassen, egal ob wir sexuell missbraucht wurden oder wohlbehütet aufwachsen konnten.

Unsere Selbstverortung auf der Scham-Stolz-Achse wurde in unserer Kindheit geprägt. Konnten wir es unseren Eltern nicht recht machen, oder waren die Reaktionen ebendieser häufig ambivalent, entstand Urmisstrauen in uns – und so korreliert ebendieses Urmisstrauen stark mit Scham.[129] Identität, das Bild von uns selbst, baut sich stark interaktionistisch auf, denn der Mensch ist ein soziales Wesen, seine Identität eine sozial gewachsene. Es manifestieren sich in uns die Introjekte von außen herangetragener Bilder über die eigene Person.[130] Diese Prägungen diktieren uns aber nur so lange, wie wir daran festhalten. So gilt es, dem Prinzip der „Insularität" zu folgen und durch Ausprobieren, entsprechend der Strategie des „Gegenteiltages", das eigene Sein auf stabilere Säulen zu stellen!

III

Nun stellt sich die Frage, inwieweit Selbstliebe, die Liebe zum Selbst, die Liebe zum eigenen Sein im Hier und Jetzt, in unserer gewachsenen und permanent weiter konstruierten Identität Platz findet. Wir dürfen, ja, sollen abwägen, ob unsere Persönlichkeitsstruktur, unser un(ter)bewusster Zugang zur Welt Selbstliebe überhaupt zulässt oder ob Ambivalenz und Selbstverurteilungen es den zarten Ansätzen der Selbstliebe kaum möglich machen, in den Alltag einzufließen.

Diverse Web-Auftritte als auch diverse Beratungsliteratur sind vollgepfropft mit Sinnsprüchen wie beispielsweise „Liebe deinen Nächsten/deine Nächste wie dich selbst". Auch die Philosophie bemüht sich immer wieder um handlungsleitende Aussagen wie beispielsweise Kants Kategorischer Imperativ. Wir wollen an diesem Punkt die Vorbedingung für die Anwendbarkeit dieser beiden Moralaussagen erörtern, denn um nächstenliebend handeln zu können, gilt es, zuerst Wertschätzung, Empathie, Selbstgewahrsamkeit usw. in der eigenen Persönlichkeitsstruktur, im eigenen Gefühlsleben integriert zu haben.

Wir alle tragen neben „gesunden" Anteilen Wesenszüge in uns, die sich destruktiv und dysfunktional gebaren, die in diesem und jenem Moment, in dieser und jener Situation der möglichen Selbstliebe einen Strich durch die Rechnung machen. Im Zuge solcher Eruptionen wird häufig der freudsche Aggressions- bzw. Todestrieb „Thanatos" un(ter)bewusst gegen das Selbst gerichtet.

Es kommt sozusagen zum „Struggle Within", zur Schlacht im Inneren. An dieser Stelle können wir nun die viel bemühte Formel der hobbschen Anthropologie umwandeln.[131] Denn das

Postulat *homo homini lupus* – der Mensch ist des Menschen Wolf/ Feind – kann, ja, muss auf inter- und intrapersoneller Ebene betrachtet werden. Im Zuge der Anwendung dieses Gedankens rückt vor die Feindseligkeit zwischen Menschen die Feindseligkeit konkurrierender Anteile des Selbst, zuerst entstehen Konflikte und Zerwürfnisse also in uns, bevor diese eine Projektionsfläche im Außen suchen und finden.

Diese Formulierung der Beschaffenheit des Mensch-Seins öffnet uns nun Tür und Tor für so manche Selbsterkenntnis. Haben Sie einen Freund, eine Freundin, die ständig auf Jobsuche ist, weil immer Konflikte mit Führungspersonen vom Damm gebrochen werden? Kennen Sie eine Person, die sich nach einer stabilen, sicheren Lebensgemeinschaft verzehrt und dennoch immer wieder den gleichen Typ Mann bzw. Frau „anzieht"?

In solchen Situationen macht es Sinn, vom Gesetz der Resonanz zu sprechen, von der Entsprechung des „Außen" und dem „Innen". So manche Erlebnisse im Außen bauen sich entsprechend innerer Konstellationen auf. Unsere Lebenswirklichkeiten können somit als Projektionen innerer Realitäten definiert werden.

Ist dieser Prozess nun interdependent? Grundsätzlich ja, obwohl die Wechselwirkungen im Laufe der Genese des Individuums nicht vollkommen ausgeglichen sind. In den Gestaden der Kindheit überwiegt der Impetus der Impulse von außen. In diesen Jahren werden wir sozialisiert, ge- und verformt. Charakter und Persönlichkeitsstruktur werden gebildet, Identität wird aufgebaut, die Entität des Über-Ichs gewinnt mehr und mehr Terrain im Territorium des Bewussten, halb Bewussten und Un(ter)bewussten.

Im Erwachsenendasein verhält es sich gegenläufig. Innere Bilder des Selbst, Überzeugungen über das Leben an sich wurden gefestigt – teils im Zuge bewusster, teils im Zuge unbewusster Prozesse – und so ist es nun die innere Realität, besser gesagt die situations- und auch personen- bzw. rollengebundenen Realität, die das Außen definiert.

Es gilt also, diese innere Realität, den Struggle Within, die Verurteilung des Selbst, durch die eigene Person zu bearbeiten, um dem Idealbild der (Selbst-)Liebe peu à peu näherzukommen.

IV

Womöglich steigt in Ihnen die Frage empor, ob Sie verdammt sind, ewig in der Spirale von Scham und Selbstverurteilung gefangen zu sein, weil besagtes Empowerment durch das nahe Umfeld nicht – oder nur teilweise – im Verlauf der eigenen kindlichen Genese vorhanden war. Vielleicht mussten Sie zudem feststellen, dass sich im Zuge eines gewöhnlichen Tages sehr viel häufiger Selbstkritik und -verurteilung einstellen als Selbstbestätigung und -lob.

Eine Problemstellung zu konkretisieren erweist sich als wichtiger Schritt zur Schaffung von Klarheit, Lösungsvorschläge zu offerieren als unabdingbarer nachfolgender Schritt. Die philosophische Reise erhebt keineswegs Anspruch auf Vollständigkeit, legt den Fokus vielmehr auf die Ergründung des Selbst und will einige wenige Techniken vorstellen und diese zugleich kritisch prüfen.

An dieser Stelle gilt es nun, einen Weg aufzuzeigen, um aus den Mustern der Selbstverdammnis aussteigen zu können, und zu diesem Zwecke entsinnen wir uns des Axioms der Gleichzeitigkeit des Erlebens in unserem Alltag. Für unser Un(ter)bewusstsein findet das Jetzt im selben Moment statt wie die Diskreditierung durch den autoritären Volksschullehrer, aber auch wie die erste Ausfahrt mit dem eigenen Auto usw.

Die Jahre 1988, 2008, die Zeitbegriffe „gestern" und „heute" stellen konzipierte „Felder" dar, die sich unserem Geist durch unser Erleben im Kontext und Kontinuum aufdrängen, doch unser Un(ter)bewusstsein kaum tangieren. Angesichts dieser inneren, präsenten Gesamtheit sämtlicher Erfahrungen, Gefühle und Stimmungen unseres bisherigen Lebens wenden wir uns nun der

Methode der Arbeit mit dem „inneren Kind" zu. Im Zuge der Anwendung dieser Methode steht Ihnen die Möglichkeit zur Verfügung, im Fühlen wie auch im Geiste Ihrem inneren Kinde ebendas zu geben, wonach es dürstet. Sie können ihm eben all das zukommen lassen, was in dieser und jenen Phase der eigenen Genese mangelhaft vorhanden war.

Wenn wir nun davon ausgehen, dass ein solches „Nachnähren" erlebter Defizite möglich sei, weshalb sprechen wir vom inneren Kind? Hierbei handelt es sich um ein häufig gebrauchtes Schlagwort der Selbstfindungsliteratur, aber auch beraterischer und therapeutischer Ansätze. Wir kennen die „philosophische Reise der Selbstfindung" bereits als Medium, das mit Traditionen und Konzeptionen bricht, wenn sich diese nicht als dienlich erweisen. Wir wollen fortan nicht mehr vom inneren Kind sprechen, das so plastisch, so greifbar scheint und dennoch Reduktionismus in sich birgt. Stattdessen berufen wir uns künftig auf das Wording „innere Wirklichkeit". Welchen Nutzen erwarten wir uns von diesen beiden knappen Wörtern?

Zum einen macht diese Terminologie deutlich, dass inneres Erleben und äußere Realität stark von-einander abweichen, ja, sogar diametral voneinander entfernt liegen können. Das einst gemobbte Kind kann sich später als Jugendlicher permanent bedroht fühlen, auch wenn die neuen Peers wertschätzend und wohlwollend agieren. Die einst betrogene Person macht womöglich dem neuen Partner/der neuen Partnerin stets Vorwürfe der Untreue, obwohl kein Anlass besteht.

Wir halten fest: Die erlebte innere Wirklichkeit ist als Summe der unbewussten Anwendungen von Erlebnissen des eigenen Erfahrungsschatzes auf die eigentliche, gegenwärtige Wahrnehmung zu verstehen, aus Wahrnehmung wird Interpretation, Erleben ist stets un(ter)bewusste Konstruktion subjektiver Realitäten.

Die Anwendung der Methode der inneren Wirklichkeit ermöglicht uns ein Nachnähren, das nicht nur auf unser Kindesalter beschränkt ist, denn wir alle haben Enttäuschungen, Schocks, vielleicht auch Traumata als Föten, als Babys, als Jugendliche, als junge Erwachsene usw. erlebt. All diese Gestade des eigenen Gewordenseins können bedient werden. Was ist nun das Ziel der Arbeit mit der inneren Wirklichkeit? Nun, Identität ist dann kongruent – und somit funktional –, wenn sich innere und äußere Wirklichkeit entsprechen. Häufig wohnen unaufgelöste Trauer, unaufgelöster Schmerz, Unsicherheit und Angst in verborgenen Winkeln unseres Herzens. Dieser emotionale Ballast ist nicht durch das Erleben im Hier und Jetzt erklärbar.

Stellen Sie sich vor, Ihr inneres Erleben glich und gleicht der Fahrt mit einem Geländewagen. Vielleicht mussten Sie sich in diesem und jenem Lebensabschnitt durch unwegsames Terrain kämpfen. Vermutlich mussten Sie besonders viel Energie aufwenden, all Ihren Mut zusammennehmen, um eine besonders bedrohliche Steigung, um einen besonders einschüchternden Abhang zu bewältigen. Ab und an haben Sie sogar Ihren Weg verloren und irrten durch Gestrüpp und Geäst, bis Sie wieder auf Ihren wahrhaftigen Weg, wieder auf eine ruhigere Fahrbahn Ihres Lebenspilgerweges gelangten.

Vor allem diese Fahrten abseits des Weges bringen häufig mit sich, dass Ihr „Lebens-Vehikel" Morast und die eine oder andere eingeklemmte Astgabel mitschleppt. Dieser Punkt der Selbstexegese markiert einen entscheidenden Punkt: Wir wenden unser Lebensgefährt nicht, wir kehren nicht in Gestade der Vergangenheit zurück, sondern entfernen einfach all das, was wir an Ballast der Vergangenheit mitschleppen. Umzukehren würde bedeuten, der Vergangenheit den Vorzug über das Hier und Jetzt zu geben. Doch da schlussendlich nur das Jetzt als wahrhaftiges Momentum des Erlebens zur Verfügung steht, wäre dies ein Schritt in die Nichtlebendigkeit, ein Fehltritt in Richtung Selbstblockade, ein Irrweg in die Verstrickung vergangener Wirren.

Wir wollen uns jedoch nicht verirren! Im Gegenteil: Vielmehr wollen wir in die Selbstbefreiung, in die Klärung der eigenen Vita, um voll und ganz im Hier und Jetzt präsent zu sein. Umkehren ist also keine Alternative. Das gegenteilige Extrem, die unzweckgemäße Beschleunigung des Fahrzeugs, birgt die Hoffnung in sich, der Vergangenheit zu enteilen. Wir sehen dies im Velozitätsfuror unserer Gesellschaft, im Streben, den Alltag vollzupacken ohne Phasen des Durchatmens, ohne die Chance der Selbstbesinnung. Durch permanente Selbstablenkung kann der Vergangenheit nur durch Selbstverleugnung enteilt werden – und auch dies ist illusorisch.

Das Vehikel der eigenen Vita steuernd, kehren wir also nicht um, damit wir uns nicht in den Wirren von bereits gelebtem Leben verlieren, und wir versuchen auch nicht, im Zuge der Beschleunigung des ureigenen Takts dem Empfinden zu entschwinden. Die Lösung ist einfach, wir halten einfach an, lösen mitgeschliffenen Unrat, gönnen unserem Lebensgefährt eine Reinigung in der Waschanlage, gönnen uns eine Katharsis durch das Zulassen der inneren Wirklichkeit.

Im Zuge dieser Renaissance, im Zuge dieser Befreiung des Selbst von Ballast, vom „Schmutz" der Vergangenheit, wird die Weiterfahrt im Lebensvehikel eine Freude. Schließen wir nun den Bogen und lassen Sie uns die Metapher auf unsere tatsächliche Lebenssituation anwenden – und dies ganz unmittelbar. Wir laufen nicht vor den uns innewohnenden Missstimmungen weg, wir suhlen uns aber auch nicht in den Dramen unserer Vergangenheit, denn beide Verhaltensmuster führen zu keinem Sonnenaufgang am Firmament des inneren Erlebens. Vielmehr verlängert sich durch solche Strategien die lange dunkle Nacht der Seele.

Ausgehend vom Hier und Jetzt, von unserem Sein in diesem Moment in Kontext und Kontinuum, bleiben wir diesem Erleben im Jetzt treu. So schreiten wir voran mit unserer Selbstexegese, nehmen „Phänomene" in unserem Herzen wahr und entschlüsseln dahinterliegende Strukturen. Unser Ausgangspunkt und Endpunkt ist dabei stets das unmittelbare Empfinden im Hier und Jetzt – und dies im vollen Bewusstsein der Andersartigkeit des vergangenen, gegenwärtig erlebten und künftigen Jetzt.

Die Schau des Präsenten im Hier und Jetzt entspricht dem besagten Anhalten des oben beschriebenen Lebensvehikels, es ist ein Denken, ein Sinnieren, in erster Linie aber ein Fühlen. Denn dieses Fühlen von Schwere, von innerer Zerrissenheit usw. führt uns erst zum Bestreben, eine Veränderung herbeizuführen.[132]

Nachdem wir nun innehielten, nachdem wir nun wissen, was uns in dieser und jener Phase unserer Vita fehlte, gilt es, „nachzunähren". Hierbei machen wir uns die Gleichzeitigkeit des Seelenlebens, machen uns die innere Wirklichkeit zunutze. Beim Nachnähren suchen wir somit nichts im Außen, vielmehr gehen wir in einen Dialog – und zwar der Emotionen und nicht der Kognitionen. Ein Teilnehmer dieses Dialogs ist das „Ich" im Hier und Jetzt. Lassen Sie uns diesen Anteil als „Selbst-Therapeut" titulieren. Den anderen Part, jene Anteile unseres Selbst, die einen wie auch immer gearteten Leidensdruck in sich tragen, wollen wir mit der Bezeichnung „defizitäre Ich-Anteile" versehen.

Wie gestalten sich nun die Interaktionen dieser emotionalen Entitäten? Durch das Zulassen der Selbstschau, durch die Schau der inneren Wirklichkeit haben diverse defizitäre Ich-Anteile die Möglichkeit, „gesehen" zu werden. Bereits dieses Zulassen des Erkennens kann so manche innere Dynamik in Gang setzen. Zusätzlich können wir nun in die Rolle von Selbst-Therapeuten schlüpfen, um ebenjenen erkannten inneren Anteilen all das zu geben, was als Mangel erlebt wurde.

Wurden Sie nie von Ihrer Mutter umarmt und liebkost? So erlauben Sie sich, nun selbst in eine Elternrolle zu gehen, um dem eigenen inneren Kind diese Liebe und Nestwärme zu geben. Dies kann nun durch Imagination vonstattengehen oder aber auch, indem Sie sich beispielsweise selbst liebevoll umarmen und streicheln. Wurden Sie als jugendliche Person in Ihren Versuchen, selbstständig zu werden und eine eigene tragfähige Identität aufzubauen, von Ihrem Elternhaus nicht unterstützt, so geben Sie nun als Selbst-Therapeut*in besagtem defizitären

Ich-Anteil ebendieses Empowerment, das Sie sich damals gewünscht hätten usw.

Dieser Selbstzuspruch ist simpel, ist überall praktizierbar und kann Berge versetzen – so stark können die Transformationen wirken, die durch die Anwendung dieser Methode vom Damm gebrochen werden.

V

Wir kennen nun einen Weg, Defizite vergangener Gestade der eigenen Biografie nachzunähren. Die Arbeit mit der inneren Wirklichkeit ist ein Tun, ein Streben nach Katharsis, was uns unser gesamtes Leben immer wieder begleiten darf, denn Themen finden sich in einer jeden Biografie, in einer jeden Lebensphase zu Genüge.

Neben dem Nachnähren inkorporierter Defizite wollen wir uns nun einer zweiten Methode widmen, jener der Vergebung – und dieses Thema wird häufig nur ungern aufgenommen. Im Zuge meiner Life-Coachings werden mir immer wieder Aussagen entgegengebracht, die sinngemäß den Inhalt „nicht schon wieder" transportieren. Man kenne dieses Thema, diese und jene Handlungen dieses und jenes Gegenübers seien jedoch unverzeihbar! In solchen Situationen entgegne ich meist, dass Vergeben und Loslassen zu den schwierigsten Aufgaben im Dasein eines Menschen gehören, jedoch unabdingbar für inneres Voranschreiten seien. Lassen Sie uns nun ergründen, weshalb Vergebung von solch immanenter Bedeutung ist.

In einem ersten Schritt wollen wir konkretisieren, wobei es sich hierbei handelt. Was ist nun Vergebung bzw. was ist sie nicht? Vergebung bedeutet keinesfalls ein Zugeständnis zu machen, dass bei diesem und jenem Vorfall, dass in dieser und jener Situation alles halb so schlimm gewesen sei. Nein, wir dürfen das Erlebte – im

Bewusstsein der hohen Wahrscheinlichkeit subjektiver Färbung –
so klar wie möglich sehen, erfassen und verstehen.

Ein Beispiel: Zwillinge wachsen gemeinsam auf, deren Vater
geht einem 40-Stunden-Job nach, ist noch dazu ehrenamtlich in
einem Verein aktiv, und ein Einfamilienhaus wird mit Manneskraft
aus dem Boden gestampft. Am Sonntag liegt besagte Person er-
schöpft auf der Couch und lässt sich von dem berieseln, was das
TV-Programm anbietet. Schulveranstaltungen und Vorspielabende
in der Musikschule nimmt der Vater wahr, für die Erledigungen der
Hausaufgaben und die Verantwortung des Gros der Erziehungs-
fragen ist die Mutter zuständig. Wir blicken nun auf hypothetische,
jedoch plausible Beziehungsverläufe der beiden Kinder zu ihrem
Vater mit dem Fokus auf Stärkungen bzw. Kränkungen.

Ein Zwilling wächst mit folgendem Vaterbild auf: Als Kind habe
er nie finanzielle Sorgen erfahren müssen, ein schönes Heim wurde
bereitet, und immer dann, wenn der Vater gebraucht wurde,
war dieser präsent und zeigte Interesse. Dieser Zwilling, nennen
wir ihn „X", war von Geburt an tendenziell zentriert und bereits
in frühen Jahren selbstständig. So tat die oftmalige Absenz des
Vaters der stabilen Vater-Sohn-Beziehung keinen Abbruch. Dieses
skizzierte Vaterbild können wir als nährend bezeichnen, als positiv
konnotierte Basis für die Entwicklung einer tragfähigen Identität.

Im Gegenzug war Zwilling „Y" von Kindesbeinen an recht
schüchtern und ängstlich, blühte aber in vertrauten Situationen
auf. Die Absenz des Vaters belastete das Kind, da ein Mehr an
Zeit nötig gewesen wäre, um eine vertrauensvolle Beziehung aufzubauen. Mit dem Fortgang der Pubertät verschloss sich Y mehr
und mehr gegenüber dem Vater. Dieser war irritiert und erstaunt,
denn er habe doch beide Kinder gleichwertig behandelt, und so
konnte er sich nicht erklären, weshalb es zur Distanzierung von
Y gegenüber seiner Person gekommen ist.

Was lernen wir aus diesem verknappten und bewusst para-
digmatisch gewählten Beispiel? Anders gefragt: Was kann Y tun,

um die eigene emotionale Kränkung zu bearbeiten? Nun, wir haben im vorangegangenen Kapitel gelernt, dass die subjektive Realität, die innere Wirklichkeit anzuerkennen ist, denn es gilt, genau an diesen emotionalen Wunden anzusetzen, um „Heilung" herbeiführen zu können.[133]

Wie gestaltet sich nun die innere Wirklichkeit von Y bezüglich des Vaters? Nehmen wir an, er sei innerlich voll Gram ob der lückenhaften Präsenz des Vaters im Zuge des Heranwachsens. Wir entsinnen uns wieder des Prinzips der Gleichzeitigkeit. Der Schmerz des Nicht-Gesehenwerdens der Kindheit lebt im Inneren fort. Das einst Erlittene lastet als stete Bürde auf den Schultern von Leichtigkeit und Lebensfreude. Vielleicht verhält es sich so, dass Y immer wieder Jobs kündigt, weil stets das Gefühl präsent ist, von männlichen Führungskräften nicht gesehen zu werden, vielleicht ist Y in seiner Partnerschaft überaus eifersüchtig, da er permanente Bestätigung und Zuneigung im Außen sucht, vielleicht erdrückt Y die eigenen Kinder mit seiner Hinwendung, sodass aus dem Mangel an Präsenz im eigenen Herzen ein Mangel an Freiheit im Herzen der nächsten Generation erwächst usw.

In all diesen Szenarien wiegt der Leidensdruck schwer, da innere Dramen der Kindheit und Jugend ins Bewusstsein drängen. Wie geht Y mit dieser steten Bürde um? Vielleicht legt er/sie sich einen emotionalen Schutzpanzer zu und trägt eine Fassaden-Identität nach außen.[134] Hierbei wird versucht, performativ Stärke, Leichtigkeit und Sorglosigkeit nach außen zu tragen, ohne diese im Inneren zu fühlen. Als Problematik dieser Strategie der Alltagsbewältigung erweist sich die Verleugnung „wahrer" Gefühle und somit die Nichterfüllung von Bedürfnissen wie auch die Unmöglichkeit der Etablierung von Ganzheit. Unser Weg, unser Wachstum beginnt dann, wenn das „falsche" Selbst versagt, und ebendies wünschen wir auch Y. Wir wünschen besagter, fiktiver Person die Erkenntnis der Bedingtheit des Außen durch die innere Wirklichkeit.[135]

VI

Nun sind wir an einem Punkt angelangt, an dem wir das Konzept der inneren Wirklichkeit mit jenem der Vergebung verbinden. Wie kann nun Y in unserem praktischen Beispiel agieren? Bevor Vergebung tatsächlich stattfinden kann, gilt es, die häufige Absenz des Vaters zu beklagen und zu beweinen.[136] Denn häufig hat sich in unserem emotionalen Reservoir ein „Meer an Tränen" aufgestaut, und dieses gilt es zu entleeren. Diese hier vorliegende Philosophie versteht den Menschen als Leib-Subjekt, und so bedarf der Prozess des Klagens, der Prozess des Betrauerns all dessen, was geschehen ist, aber auch all dessen, was an Positivem möglich gewesen wäre – aber nicht stattgefunden hat – Raum und Zeit. Häufig nehmen wir uns keine Zeit für diese Phase. Unser Umfeld bedient uns dann mit Ratschlägen, die in etwa wie folgt lauten: „Jetzt ist es schon passiert, jetzt musst du in die Zukunft schauen."

Doch solche Ratschläge sind meist genau das, was das Wort per se besagt, ein „Schlag". Wir dürfen klagen und greinen, ja, sollen es sogar. Vielen unter uns ist die Notwendigkeit des Trauerns nicht klar, der Zeitgeist will es nicht, und dementsprechend habe man ohnehin für solch unnütz Vergangenes keine Zeit. Zudem wird die Konfrontation mit den eigenen emotionalen Wunden häufig vermieden, da solche in der Regel schmerzen, verunsichern und als Schandfleck empfunden werden.[137]

Doch eine jede geweinte Träne ist Balsam für die Seele, ist Katharsis für die Schwere im Herzen![138] Wir dürfen uns Zeit nehmen, es dauert …

… es dauert, bis sich das in uns angestaute Leid verabschiedet. Online-Coaching-Angebote, spirituelle Gatherings, ständig „neue" Tools und Praktiken zur raschen „Beseitigung" besagter Altlasten sind omnipräsent, und doch dienen diese in erster Linie deren Urhebern. Der „Reset-Knopf", die unverzügliche Wiederherstellung frühkindlicher Leichtigkeit und gleichzeitig die ebenso rasche Beendigung emotionalen Leidens, wurde noch nicht – und wird vermutlich niemals – gefunden. So gilt es, all den defizitären Anteilen unseres Selbst Raum und Zeit zu geben.

Wenn man wollte, könnte man Sartres Diktion auf die Spitze treiben und von einem „doppelten Existenzialismus" sprechen. Doppelt deshalb, weil wir in erster Instanz in unsere Herkunftsfamilie, in sozioökonomische Rahmenbedingungen, an einem bestimmten Ort zu einer bestimmten Zeit hineingeboren wurden. In zweiter Instanz gilt es, sich in der Phase des Zulassens des Schmerzes wieder den Widernissen und Hürden der eigenen Genese zu stellen.

Es ist angebracht und notwendig, ausreichend lange im Beklagen des Vergangenen zu verbleiben, aber nicht zu verharren. Das Verweilen, die Katabasis, die Arbeit in der Asche der eigenen Existenz kann einige Jahre in Anspruch nehmen. Wurde all das Belastende des Vergangenen weggefegt und befriedet, ist es von großer Bedeutung, nicht den Weg in Richtung Opferrolle einzuschlagen. Denn durch deren Annahme würden wir vom Credo der Selbstverantwortung abgehen, würden die Schwermütigkeit zum immanenten Teil unseres Selbst werden lassen, würden uns schwächen anstatt uns zu stärken.

So ist es äußerst ratsam, vom Klagen in die Vergebung überzugehen – auch wenn es ein halbes Jahr, ein Jahr oder auch drei Jahre in Anspruch nimmt, bis die innerliche Transition vollzogen ist. Auf diese Weise findet wahrhaftiges Voranschreiten statt, eine sanfte Modellierung der inneren Wirklichkeit, bis sich das Konzept des eigenen Selbst, bis sich die eigene Persönlichkeitsstruktur auf stabilere Säulen stützen kann.

Der Übergang vom Klagen zur Vergebung erfolgt nicht in einem speziellen Moment, erweist sich nicht als singuläres Ereignis, sondern verläuft in ständigem Wechselspiel. Beide Aggregatzustände des Prozesses des Loslassens des Vergangenen geben sich immer wieder die Klinke in die Hand und koexistieren in der

Regel über Monate und Jahre hinweg. Es handelt sich um zwei Seiten derselben Medaille, die eine zeigt uns Trauer, Schmerz und Wut, die andere eine versöhnliche Haltung zum selben Sachverhalt. Erstere ist Zulassen von Emotionen, die in den Untiefen der eigenen Vita schlummern, Zweitere ein bewusster Willensakt mit dem Ziel innerer Selbstbefreiung.

Über die Dauer dieses Prozesses hinweg darf nun der Anteil des Klagens peu à peu in den Hintergrund rücken und jener des Vergebens ein Übergewicht bekommen. Hier kann als innere Richtschnur das Abebben des Schmerzes festgelegt werden, konkreter: Genau dann, wenn die Intensität des Schmerzes nachlässt, darf das Klagen in den Hintergrund und die Vergebung in den Vordergrund treten. Aus der Reziprozität der beiden unterschiedlichen intrinsischen Handlungsstränge geht das Primat der Vergebung hervor.

Und nun wird es spannend: In jenem Moment, in dem die Vergebung vollkommen im Vordergrund steht, löst sich das Klagen auf und damit auch verbunden die Notwendigkeit des Vergebens. Denn ohne Leid braucht es keine Vergebung. Beide implodieren, werden vom Schlund der Vergangenheit aufgesogen, um dem Hier und Jetzt Raum für neue Leichtigkeit zu geben. Der Einbruch, die Zensur im Fluss der eigenen Biografie wurde geebnet, und so erfuhr die Vergangenheit eine Katharsis, die sich unmittelbar befreiend aufs Gemüt auswirkt.

Zentrierung, Authentizität, Leichtigkeit und Lebendigkeit finden sich am Ende dieses mühseligen, langwierigen Prozesses[139] – und doch haben wir keine andere Wahl, als dem Drängen unserer inneren Welten nachzugeben, um gestärkt, gleich dem Phoenix aus der Asche, emporzusteigen.[140] Der Weg kann nicht am Schmerz vorbeiführen, sondern nur durch diesen hindurch. Ein solches Durchschreiten finsterer Täler kann die Nobilitierung des eigenen Empfindens und Seins bewirken. Aus dem emotional unreifen und belasteten Frau-Kind bzw. Mann-Kind kann ein befreites Selbst hervorgehen.

Eine Facette darf schlussendlich noch berücksichtigt werden. Wir entsinnen uns der kaum zu überschätzenden Macht unseres Über-Ichs, die da lautet: Je stärker wir im Zuge unserer Genese kritisiert und geringgeschätzt wurden, desto restriktiver gestaltet sich die innere moralische Kontrolle durch diese uns immanente Instanz. Wir alle haben ein Über-Ich, und wir alle kritisieren uns, demütigen uns, verurteilen uns.

So darf es im Zuge des Prozesses des Klagens und Vergebens nicht nur um Inhalte gehen, die von außen an uns herangetragen wurden. Denn meist gestaltet es sich derart, dass wir selbst unsere größten Kritiker sind, uns selbst am häufigsten richten. Wir dürfen unser inneres Team konsolidieren, dürfen uns vergeben und mit uns nachgiebig sein, dürfen uns selbst verzeihen, um schlussendlich voll und ganz auch anderen verzeihen zu können. Ebendiese Milde zum Ich erweist sich häufig als schwierigster Schritt. Doch der Lohn ist groß: Permanente Selbstverurteilung kann beendet, „the struggle within" befriedet werden – und dennoch gleicht der Prozess des Selbstvergebens oft einem heraklischen Vorhaben.[141]

Klagen und Vergeben sind also interdependente Abläufe mit stetiger Tendenz in Richtung Vergeben, welche auf intra- wie auch interpersonaler Ebene ablaufen. Milde und verzeihend sich selbst gegenüber zu sein führt zu Sanftmut, führt zu Gelassenheit, führt zu einem positiven Selbstbezug, und so ist dieser Weg ein lohnender.

Zusammenfassung: Wir allen tragen Wunden in uns! Wenn wir anderen und uns selbst nicht vergeben, tragen wir in unserer inneren Wirklichkeit längst vergangene Dramen und Konflikte wie einen emotionalen Rucksack Tag für Tag mit uns. Das Beklagen des Vergangenen, das Beklagen all dessen, was möglich gewesen wäre und schlussendlich der Prozess des Vergebens – anderen und sich selbst gegenüber – sind somit Ausdruck von Selbstliebe.[142]

Initiation in der Spätmoderne

Der Anfang ist die Hälfte des Ganzen.
(Aristoteles)

Welche Bedeutungen und Assoziationen löst in Ihnen der Begriff „Initiation" aus? Entstehen Bilder von indigenen Völkern, von grausam anmutenden Ritualen, in denen sich junge Männer im Angesicht des Todes beweisen müssen? Interpretieren Sie diesen Begriff als zu anachronistisch? Haben Sie das Wording „Initiation" in den letzten Monaten und Jahren im öffentlichen Bildungs- und Erziehungsdiskurs wahrgenommen? Wohl kaum.

Unserer postmodernen Gesellschaft ist das besagte Konzept und die damit einhergehenden Inhalte abhandengekommen. Neben der von Peter Gross[143] postulierten Enttraditionalisierung, Entobligationierung, Entgrenzung und Entzeitlichung fand über Jahrhunderte hinweg auch eine „Entinitiierung" biografischer Übergänge und Verläufe statt. Stellen wir die normativ wertende Frage, ob dieser gesamtgesellschaftliche Prozess unserem Wesen, unserem Wachstum, unserem Sein dienlich sei, so positioniert sich die Philosophie der Selbstfindung als klar und verneinend. Die innere Logik dieses Kapitels beruht folglich auf der Überzeugung der Notwendigkeit von Initiation.

I

Was verstehen wir nun unter Initiation? Simpel betrachtet impliziert dieses Konzept den Beginn von etwas Neuem, es ist von einer Transition in der Lebenswirklichkeit des/der Neophyten/Neophytin die Rede, von einer Veränderung der eigenen sozialen Rolle – wenn wir ethnologisch korrekt formulieren wollen. Traditionell wurde mithilfe initiatorischer Rituale und Prozesse die Auslöschung kindlicher Identität und im Gegenzug die Integration ins Erwachsenendasein bezweckt.[144]

Dieser Übergang diente zur Versinnbildlichung der Übernahme von Verantwortung, und in der Regel korrelierte der Grad an Brutalität der Rituale mit der Wahrscheinlichkeit kriegerischer Auseinandersetzungen. Vielleicht entsinnen Sie sich noch der „Watschn", welche betagte Zeitgenoss*innen noch im Zuge der Firmung vom Firmspender verabreicht bekamen. Diese war vermutlich der letzte existente Rest ausgehöhlter Initiation unserer mitteleuropäischen Kultur, denn stupide Besäufnisse im Zuge des Polterns, beim Erreichen der Volljährigkeit oder beim Erwerb des Führerscheins fallen wohl kaum unter Initiation.

Das Vakuum fehlender bzw. fehlgeleiteter Rituale vom Mädchen zur Frau, vom Jungen zum Mann führt oftmals zur Orientierungslosigkeit, zu einer permanenten Flucht vor dem eigenen Sein, zur Anfälligkeit für destruktive Lebensstile.[145] Nicht selten spreche ich mit Personen im Alter von dreißig oder vierzig Jahren, die sich mit dem Konzept des „Erwachsen-Seins" nicht anfreunden können, die innerlich noch immer dem Peter-Pan-Syndrom frönen, um mit einem Quäntchen Feenstaub der Erwachsenenwelt zu entfliehen. Auf einen ersten Blick wirkt diese Strategie etwas lächerlich, auf einen zweiten scheint sie doch plausibel: Denn aufgrund fehlender Rituale und klarer Bilder schwirren äußerst verquere Bilder vom Erwachsen-Sein in unseren Köpfen herum.

Denn wer von uns möchte stets mit dem „Ernst des Lebens" konfrontiert werden? Wer will genauso werden wie die eigenen Eltern? Aber zielt Erwachsen-Sein wahrhaftig auf Schwere ab, auf ein Lebenskonzept, das mit den Attributen „Bürde" und „Joch" verbunden ist? Lassen Sie uns den vertrauten Begriff des Erwachsen-Seins doch neu definieren, und zwar im Sinne eines Hinauswachsens, eines Ablegens des Schleiers der Unbewusstheit, eines „Entwachsens" aus den Ge- und Verboten, aus dem

Werte- und Normengeflecht von Herkunftssystemen. Lassen Sie uns Erwachsen-Sein vielmehr als Zustand des „Selbstbefreitseins" definieren, als einen Status quo der Möglichkeit zur Selbstdetermination.

Erwachsen-Sein heißt also nicht, die psychische und soziale Ontologie von Herkunftssystemen ungefragt aufrechtzuerhalten, es heißt aber auch nicht, aus Prinzip einer radikal-konträren Identität zu frönen. Es meint vielmehr eine Entkoppelung von den Zwängen und Spannungen der Lebensphasen des Heranwachsens, um klar entscheiden zu können, welche Überzeugungen, welche Aspekte in den eigenen Modus der Lebensführung integriert werden sollen und welche eben nicht.

Wenn sich beispielsweise nun eine „erwachsene" Frau dazu entscheidet, den Zwängen der Gesellschaft zur Erwerbstätigkeit zu widerstehen, so tut sie dies aus freien Stücken und nicht, weil sie der Vita der Mutter folgt. Die Grundbedingung des Erwachsen-Seins ist Selbstverantwortung. Verantwortung findet sich bereits in tradierten Konzeptionen des Erwachsen-Seins. Doch die damit einhergehende Freiheit, das damit einhergehende, inhärente Freisein, von dem aus ureigenem Antrieb heraus zum Wohl des eigenen Selbst Entscheidungen gefällt werden sollen, ebendieses Attribut darf tradierte Bilder von Erwachsen-Sein ergänzen.

In archaischen Stammesgesellschaften wurden männliche Neophyten initiiert, um die eigene Sippe gegen Aggressoren verteidigen zu können, um den eigenen Clan mit Nahrung zu versorgen usw. Dieses Konzept war ein funktionalistisches, ein extrinsisch motiviertes, diente dem Zweck des Fortbestehens des sozialen Verbundes, in das man hineingeboren wurde. Heute ist die Motivation eine andere, wie auch die Gestalt der Übergangsriten, der *rites de passage*[146] – wenn überhaupt von solchen die Rede sein kann. In der Gegenwart bieten sich zwar punktuelle Ereignisse wie der Schulabschluss, der Erwerb des Führerscheins,

die gelungene Absolvierung einer Berufsausbildung als Anker-
punkte für Initiation an, doch ist dem nicht genug – einerseits
aufgrund des Fehlens eines initiatorischen Prozesses im Außen,
andererseits aufgrund des Vakuums einer bewusst gelebten,
inneren Transition.

Wir leben gegenwärtig in einer Zeit der Selbstverwirklichung,
in der sich immer drängender die Frage nach dem Lebenssinn bzw.
den Lebenssinnen stellt. Es stellt sich die Frage, ob wir lediglich
durch Berufsausbildungen und dem Besitz einer KFZ-Fahrerlaub-
nis tatsächlich eine selbstbestimmte Persönlichkeit etablieren
können. Initiation betreffend die westliche, pluralistische Gesellschaft zu Beginn des 3. Jahrtausends meint nun etwas anderes
als bloßes Funktionieren, etwas anderes als die Eingliederung in
einen sozialen Organismus, um dessen Weiterbestehen zu gewährleisten. Initiation in der Spätmoderne zielt nicht auf die Autopoiesis
sozialer Systeme ab, sondern vielmehr auf die Anbahnung des
Selbst, auf tiefgründiges Erfassen des eigenen Seins wie auch auf
die Integration dessen in die Aktualität der eigenen Lebensführung.

So darf das Mann-Kind, so darf das Frau-Kind zum reifen
Leib-Selbst werden. Es darf ein inneres Erwachen vonstattengehen, ein In-Verbindung-Treten mit dem ureigenen Sein vollzogen werden. Gewissheit der eigenen Stärke[147], Zentrierung,
Selbstgewahrsamkeit und Selbstverwirklichung sind Bausteine
im Kaleidoskop der Initiation der Spätmoderne.

II

Viele junge Erwachsene feiern die eigene Volljährigkeit vor dem
Gesetz exzessiv und ausschweifend. Nach einer (zumeist) recht
kurzen Phase der Ekstase stellt sich Ernüchterung ein – und zwar
im doppelten Sinne des Wortes. Denn neben physischen Ent-
giftungsprozessen drängt sich alsbald die vage Erkenntnis auf,

dass man nun eben erwachsen sei. Eine Anleitung, ein Ritual, eine Einführung in Ethik und Anthropologie des Erwachsenendaseins sind jedoch nicht vorhanden. Im Außen, von Gesetzes wegen, sind Mädchen und Jungen im Alter von 18 Jahren mündig. Doch wie verhält es sich im Inneren? Fühlten Sie sich in besagtem Alter erwachsen? Ich – betreffend meine Person, betreffend mein Innenleben als 18-Jähriger – kann diese Frage mit Bestimmtheit verneinen.

Wir dürfen Initiation als Freilegung des ureigenen, immanenten, authentischen Kerns verstehen, und so kann Initiation in allen Gestaden des Erwachsenenalters stattfinden. Dieser Erkenntnis zufolge spielt es also keine Rolle, ob Sie 18-jährig oder 81-jährig sind, denn Initiation steht uns stets in Gestalt eines Handlungsraums fernab idealtypischer Biografieverläufe zur Verfügung.

Wie soll nun Initiation vonstattengehen? Um diese Frage zu beantworten, schließen wir in einem ersten Schritt – mithilfe einer aporetischen Methode – dysfunktionale Initiationsversuche aus. Hier ist die Rede von fehlgeleiteten Initiationsversuchen, die sich oftmals als fehlgeleitete Ersatzhandlungen offenbaren.[148] So können Alkoholexzesse von Jugendlichen im Sinne von Versuchen der Selbstinitiation verstanden werden, denen es an Führung und positiven Vorbildern fehlt.[149] Ein konkretes Beispiel: Im Zuge meiner Genese war in meinem schulischen und Freundesumfeld der Musik- und Lebensstil des „Grunge" en vogue. Ein Männlichkeitsbild, das Selbstliebe, das einen positiven Zugang zum Leben proklamierte, fand neben den Ikonen Kurt Cobain und Layne Staley kaum Platz. Stattdessen wurden Wut und Selbstzerstörung proklamiert und sakrosankt stilisiert.

Unabhängig von Herkunftsschicht und -milieu fehlt vielen Jugendlichen Initiation. Es fehlt ein gangbarer, ressourcenorientierter und wesensfördernder „Fahrplan" für den Übergang zum Erwachsenendasein. Dies lässt sich dadurch erklären, dass die Eltern und Großeltern der Gegenwart ebenfalls unvorbereitet in eine oftmals dysfunktional konstruierte Erwachsenen-rolle hineingeworfen wurden.

So stehen uns drei Möglichkeiten zur Verfügung: Wir können einfach die Notwendigkeit einer Selbstdefinierung negieren und die Identität eines *role models* kopieren, dabei handelt es sich oftmals um die gleichgeschlechtliche Elternperson oder um eines der älteren gleichgeschlechtlichen Geschwister. Ziehen wir die zweite Option, so verharren wir in postmodernen Beliebigkeiten, sind mal so, mal so, ohne wahrhaftig in die eigene Zentrierung, zum ureigenen Sein vorzudringen. Als dritter Weg findet sich der Königsweg der (Selbst-)Initiation.

Selbstinitiierungsversuche sind gespickt von (manchmal wichtigen) Irrwegen und zeichnen sich häufig durch destruktive wie auch radikale Handlungen aus. Als Faustregel gilt: Die Wichtig-keit des Vorhandenseins eines Begleiters/einer Begleiterin in der Funktion eines Mentors/einer Mentorin ist umso wichtiger, je jünger die zu initiierende Person ist. Ausgehend vom Primat der Selbstverantwortung gilt es, als Initiand im Erwachsenenalter im Sinne von Achtsamkeit und Wertschätzung gegenüber dem eigenen Sein abzuwägen, ob für den besagten Prozess eine be-gleitende Person beauftragt werden soll – oder eben auch nicht.

Entscheiden Sie sich gegen ein „Self-Mentoring", darf die Rolle der begleitenden Person hinreichend offener angelegt werden, als es klassische Beratungs- und Coachingansätze vorschlagen. Der Mentor kann ein Bergführer sein, der dem männlichen Neo-phyten hilft, sich seinen Ängsten zu stellen, die Mentorin kann eine Yoga-Lehrerin sein, die mit ihrer gelebten Zentrierung als Vorbild für die emotionale und geistige Stabilisierung der Neo-phytin fungiert. Initiation ist also nicht nur breiter gedacht, sondern auch unkonventioneller. So kann die Teilnahme an einer Schwitz-hütte[150] Katharsis und inneres Voranschreiten ebenso bewirken wie eine Selbstinitiation durch Weitwandern, beispielsweise in Gestalt einer Auszeit am Jakobsweg.[151]

Wir fassen zusammen: Initiation in der Spätmoderne wendet sich von der Verantwortung des Funktionierens zum Zweck des Fortbestands eines Kollektivs ab.[152] Vielmehr findet sich ihre Bestimmung in der Befreiung des Selbst von Beschneidungen und Restriktionen mit dem Ziel einer authentischen Lebensweise. Initiation kann in Form eines Self-Mentoring-Prozesses vonstattengehen oder eben auch in einer Dyade mit einer herausfordernden, konfrontierenden, nährenden und stärkenden Person.

Des Weiteren erweist sich Initiation nicht als genetisch prädispositioniert, denn ansonsten hätten uns althergebrachte Rituale nicht abhandenkommen können. Initiation passiert nicht einfach so, sondern muss bewusst herbei- bzw. durchgeführt werden.[153] Historisch betrachtet fand Initiation ausschließlich in einer genuin männlichen Sphäre statt, doch entsprechend unserer spätmodernen Positionierung von Initiation im Sinne einer Freilegung des ureigenen, authentischen Selbst gilt sie für uns alle.

III

Initiation soll und darf kein singuläres Ereignis sein, sie stellt vielmehr einen Prozess dar. Die Sehnsucht nach augenblicklicher Transformation ist durchaus verständlich, doch ist mir noch kein Mensch begegnet, der durch einen singulären Moment, durch eine einzelne, punktuell gesetzte Maßnahme zu sich gefunden hätte. Wie soll die Initiandin durch die einmalige Teilnahme an einem Singkreis das eigene Frau-Kind zum reifen Frau-Sein entwickeln? Wie soll der Initiand durch die einmalige Teilnahme an einem Feuerlauf zu sich finden?

Obwohl in diesem Kapitel bereits ein höheres Niveau an Konkretisierung erreicht wurde, verbirgt sich das Phänomen „Initiation" immer noch in nebulösen Gefilden. Wir bemühen uns nun, mehr Klarheit durch die Anwendung eines Phasenablaufs zu erwirken. Ebendiese Phasen können nicht im Schnellverfahren durchschritten werden, vielmehr dürfen wir uns Zeit geben und nehmen, um zu wachsen, um innerlich zu reifen.

Den Anfangspunkt der insgesamt drei Phasen markiert jene der „Trennung", und hier bedienen wir uns des häufig gebrauchten Aphorismus: Der erste Schritt ist am schwersten! Altvertrautes, Gewohntes, Sicheres aufzugeben, um dem eigenen Sein mehr Raum zu geben, bedarf Mut und Vertrauen. Hier können wir uns auf die archetypische Entität des Helden/der Heldin stützen, die in einem jeden Menschen wohnt. Die Helden, die ausziehen, um Drachen niederzuringen, sie leben in unseren Herzen. Sie möchten die Fesseln der Vita sprengen, möchten neue Horizonte entdecken, um dann gestärkt die nächsten Schritte des eigenen Lebens in Angriff nehmen zu können.[154]

Wurden die Novizen in archaischen Stammesgesellschaften oftmals gewaltsam dem Schoß der Mutter entrissen, um in der Gegenwart anderer Männer zu einem ebensolchen zu reifen[155], so zeigt sich die „Initiierung von Initiation", der Beginn der Selbstbefreiung, andersartig. Hierbei handelt es sich keinesfalls um ein unausweichliches Schicksal, sondern um einen bewussten Willensakt, um ein bewusst eingegangenes Wagnis mit ungewissem Ausgang. Initiation ist also nicht nur notwendig, um zu einem freien, selbstbestimmten Selbst zu gelangen, Initiation ist auch Abenteuer, ist Selbstfindung, ist Selbsttherapie.[156]

Wir entsinnen uns des zuvor vorgestellten Prinzips der Insularität, das mit dieser Phase der Trennung identisch ist. Jenes der Insularität, jenes des Rückzugs von Situationen, Personen und Dynamiken, welche unserem Wohl zuwiderlaufen, welche konträr zu unserem inneren Bild eines guten Lebens stehen, entspricht genau besagtem Prozess zu Beginn eines Initiations- bzw. Transformationsprozesses.

Die Initiandin/der Initiand nimmt Abschied von Vertrautem, manchmal auch von Familie und Heimat, um sich selbst neu entdecken zu können.[157] Raum für Neues kann aber auch anders gefunden werden und zwar durch die Umgestaltung der eigenen Lebensalltäglichkeit. Die Entfaltung des Selbst braucht häufig keine radikale Transformation, sondern vielmehr eine stete, denn das Neuland gilt es im Inneren zu ergründen.

Selbstverständlich hilft die Herbeiführung einer Gegenalltäglichkeit, wie beispielsweise die Umrundung des Kailash oder ein Road-Trip in Australien oder sogar ein Retreat bei einem Schamanen im Amazonasgebiet, um Neues zu etablieren und zu manifestieren. Hier, inmitten der Wirren unserer Alltäglichkeit, gestaltet es sich oftmals als sehr viel schwieriger, dem Prinzip der Trennung, des Loslassens, der Insularität Folge leisten zu können.

Doch genau in dieser unserer Lebenswirklichkeit gilt es, Transformation zu vollziehen. Nach meinen Pilgerfahrten dauerte das Gefühl (oftmals überschäumender) innerer Freiheit, innerer Lebendigkeit und Dankbarkeit oft nur wenige Tage an, bis die Außeneinflüsse meiner individuellen Lebenssituation wieder versuchten, mich von meiner Zentriertheit wegzulocken. Innerer Friede kann im Zuge des Fernseins oftmals rasch gefunden werden, doch gilt es, ebendiesen in den Lebensalltag zu tragen und dort zu integrieren. Wir folgern: Die Herbeiführung von außeralltäglichen Erfahrungen zur Freilegung und Entdeckung des Selbst kann sich als bedeutsamer Meilenstein erweisen, doch ist dies erst die halbe Miete.

Nehmen wir nun an, Sie als Initiandin, Sie als Initiand befinden sich nun bereits seit einigen Wochen, seit einigen Monaten, seit einigen Jahren in der Phase der Trennung. Was gilt es, als Nächstes zu tun? Veränderung bedeutet im metaphorischen Sinne immer auch „Tod", denn etwas Altes darf in uns absterben, damit auf dessen Asche etwas Neues entstehen kann.[158] Der Phoenix aus der Asche, der bereits den Ägyptern und Griechen bekannt war – auch wenn er etwas anders gedeutet wurde –, ist Sinnbild innerer Veränderung und auch inneren Aufstiegs.

Sie sind nun also in der Phase des „Todes" angekommen, die sich durch das Zulassen und Ausleben von altem Schmerz definiert. Durch Insularität, die Phase der Trennung, entsteht ein Zustand von Leere. Dieses existenzielle Vakuum macht es möglich, dass sich Verborgenes und vergessen Geglaubtes den Weg an die Oberfläche bahnt, um schlussendlich erlöst zu werden. Emotionaler Ballast darf schwinden, und so entsteht Raum für Neues.

Um besagten Schmerz für andere sichtbar zu machen, beschritten Naturvölker in der Regel den Weg der Mutilation, den Weg der Verstümmelung.[159] Mithilfe der Beschneidung, dem Durchbohren der Lippen oder durch das Ausschlagen eines Zahns erfuhr der Schmerz des Loslassens eine physische Manifestation, er wurde wahrhaftig inkorporiert.[160] Wir können uns fragen, ob der Kult des Tätowierens in dieselbe Kerbe schlägt. Die Antwort lautet „Ja" und „Nein". Nicht jedes Tattoo, aber so manches, geht mit einer Phase der Trauer und des Schmerzes d'accord. So werden beispielsweise die Namen, Geburtsdaten und/oder Gesichter von verstorbenen Menschen auf den Leib geprägt. Auch Motive von Dämonen, Totenköpfen, nach Blut dürstenden Kriegern usw. werden in das Leib-Selbst integriert, um als Mahnmale für gemachte Fehler und problembehaftete Zeiten zu dienen. Nicht nur archaische Stammesgesellschaften kannten Mutilationen, auch die Postmoderne greift auf leibliche Zurschaustellungen innerer Leidenszustände zurück.

Indem wir dem uns innewohnenden Schmerz ins Gesicht blicken, bietet sich die Chance, zu einem reifen Selbst zu gelangen. Dadurch verringert sich der Anteil der Unmündigkeit, des Gefangenseins in Vergangenem, der Latenz von Eigenschaften und Qualitäten. Um besagte Schmerzen durchschreiten zu können, nützt manchen das Aufsuchen eines sakralen Raums.[161] Wenn dieser Raum die Ruhe und Klarheit einer Kirche oder Kapelle darstellt, so sei es und so tun wir gut daran, diesen Raum regelmäßig aufzusuchen. Besagter Raum kann aber ebenfalls eine Parkbank mit pittoresker Aussicht, kann eine Kraftkammer mit rostigen Gewichten oder auch eine Selbsterfahrungsgruppe sein.

Ein solcher „sakraler Raum" kann geografisch verortbar sein, aber auch eine soziale Sphäre ohne definierte Koordinaten darstellen. Wenn sich beispielsweise die Teilnehmer*innen der besagten Selbsterfahrungsgruppe zu einer gemeinsamen Mondscheinwanderung treffen oder wenn ein Coaching via Skype vonstattengeht, können abseits festgelegter GPS-Daten ebenfalls sakrale Räume entstehen. Welche Art von sakralem Raum bietet sich nun an? Die Antwort ist immer in Relation zu den eigenen Lebensumständen zu bewerten: Für den ständig auf Achse seienden LKW-Fahrer bietet sich im Sinne der Homöostase ein Rückzug auf einer Almhütte an, für die lokal verwurzelte Betreiberin eines Beherbergungsbetriebes Selbsterfahrung im Zuge des Reisens. So lässt sich das Phänomen des sakralen Raumes recht klar mittels zweier Wesenseigenschaften definieren: der Gestalt von Gegenalltäglichkeit wie auch dem Potenzial, dem eigenen Selbst näherkommen zu können.

Welchen sakralen Raum Sie nun selbst schaffen oder aufsuchen, obliegt Ihrer Kreativität, Ihrer Schöpferkraft und Ihrem subjektiven Empfinden von Stimmigkeit. Von zentraler Bedeutung ist die Schaffung günstiger Voraussetzungen zum Dienste einer inneren Metamorphose mit dem Ziel der Erfahrung eines „Initiationstodes".[162] Denn nach diesem inneren Tode, nach dem Durchschreiten des Schmerzes, nach der Entwirrung von Unklarheit und Orientierungslosigkeit wartet als Lohn Resurrektion, wartet die „Wiedergeburt", wartet ein Lebensgefühl, das den Attributen der Authentizität näher ist. Dieses neue im „Hier-und-jetzt-Sein", dieses neue „Da-Sein" ebnet den Weg für das Finden von Antworten auf die Frage nach dem Sinn.

Heidnische Initiationsriten folgten einem klar strukturierten Procedere, welchem auch klare Rollenzuschreibungen ab dem Zeitpunkt des Wiedereintritts in die Gesellschaft immanent waren. Traditionell definiert sich Initiation durch einen doppelten Handlungsstrang, die Loslösung von Vertrautem und die Reintegration in die Gesellschaft.[163] Auch wenn sich Initiation in der Spätmoderne ebenfalls auf dieser Dualität gründet, finden sich stark abgeänderte Seinskriterien. So gestaltet sich die Phase der Reintegration – in Gestalt und Dauer – meist stark abweichend von den oftmals raschen und punktuell gesetzten Inaugurationen in archaischen Gesellschaftssystemen. Sie zieht sich häufig über Jahre hinweg, hat oftmals den Aufbau neuer, tragender Beziehung zum Ziel wie auch die Umgestaltung dysfunktional bestehender. Variationen in der Freizeitgestaltung, Änderungen bei den Tätigkeiten des Broterwerbs, aber auch der Wechsel des Wohnorts können Teil von Reintegration sein.

Wir dürfen an dieser Stelle nun die Frage aufwerfen, ob der Terminus „Reintegration" dem entspricht, was wir damit ausdrücken wollen. Fragen wir also nach dem „Wozu" und „Worin", gelangen wir beim Sinnieren zu einer allzu starken funktionalistischen Ausrichtung. Sprechen wir von Integration im Zusammenhang mit sozialen Bezugssystemen, schwingt stets die Bedeutung der Übernahme bestehender Normen- und Wertkonstellationen mit. Die Frage nach „Integration in ..." drängt sich auf, und so laufen wir Gefahr, bereits nach der Beendigung der Phase der Trennung der gewonnenen Klarheit und inneren Freiheit wieder verlustig zu gehen.

Somit verabschieden wir uns vom Konzept der Reintegration und definieren als dritte Phase jene der „Neu-Definition". Im Zuge der Erörterung des „Gegenteiltages" lernten wir bereits das Konzept von Playing Identities kennen, die Möglichkeit, sich selbst neu auszuprobieren, die Chance, die eigene Identität neu zu definieren. Die Neu-Definition baut ebenfalls wie der sakrale Raum auf zwei Grunddeterminanten auf. Sie gestaltet sich jedoch anders: Zum einen impliziert sie die Notwendigkeit einer Selbstverortung im Sinne einer Festlegung des eigenen Seins, zum anderen weist sie darauf hin, dass sich ebendieses Neue in irgendeiner Art und Weise vom Selbstkonzept zum Zeitpunkt des Beginns des Initiationsprozesses unterscheidet. Durch den Prozess, den Sie beschreiten werden, durchschreiten oder bereits beschritten haben, finden Selbstanbahnung, Klärung und Transformation statt. Die schöpferische Frage, die sich stellt, ist, wie das besagte Authentische und Neue in der eigenen subjektiven Lebensrealität zum Ausdruck gebracht werden kann.

Dieses Neue kann sich gegen vorhandene Werte stellen oder es kann zur Übernahme vorhandener Sinnangebote animieren, es kann zum Jobwechsel, zur Beendigung von Beziehungen und Freundschaften führen, kann diese aber auch intensivieren. Die neue Gestalt Ihres eigenen Seins, Ihr in Eigenregie etabliertes „Ich 2.0" kann, darf und soll über jenen Mut verfügen, die Selbstoffenbarungsangst links liegen zu lassen, um die eigene Wahrheit zu leben – wie auch immer diese aussehen mag.[164]

Archetypus des Kriegers
= Typus der Selbstermächtigung

He doesn't ‚think too much',
because thinking too much can lead to doubt,
and doubt to hesitation, and hesitation to inaction.
Inaction can lead to losing the battle.
(Moore 1991, 82f)

Wir wollen uns nun am Ende des inneren Schwelgens und Sinnierens noch dem Phänomen der Archetypen widmen. Hierbei handelt es sich um Instinktmuster, die tief in unserer Psyche verwurzelt sind. Wir können nur die Auswirkungen dieser uns innewohnenden Entitäten beobachten, gleich einem Magneten unter einem Blatt Papier, er bleibt verborgen, und dennoch folgen die Metallspäne einer „unsichtbaren" Kraft.[165]

Tragen wir nur eine archetypische Entität in unserem Wesen? Nein! Eine reife Persönlichkeit ist nur dann gegeben, wenn alle vier Hauptarchetypen – Liebhaber*in, Magier*in, König*in, Krieger*in – in einer positiven Ausprägung vorliegen. Sie alle vereinigen sich im reifen Selbst.[166] Die philosophische Selbstfindungsreise wendet sich in diesem Kapitel der Entität des Kriegers/der Kriegerin zu, denn diese innere Seinsqualität hilft uns, unsere Grenzen zu wahren, uns von Altem zu lösen und neue Wege zu gehen.

Wir haben bereits so manches über das Mensch-Sein erfahren, über den Weg der Selbstliebe, über die Sehnsucht nach Ganzheit und über Initiation im dritten Jahrtausend. Letzteres bedarf der Präsenz einer „Kriegerqualität", denn ohne die damit einhergehende Freisetzung des ureigenen Kraftpotenzials könnte der Prozess der Initiation nicht vonstattengehen, könnte der Loslösung von Altem, könnte dem Prinzip der Insularität nicht Folge geleistet werden. Der Krieger/die Kriegerin ist es auch, der uns durch die Gestade des Schmerzes, der Trauer, der Wut im Prozess der Aufarbeitung des Vergangenen führt. Erst nach Abschluss dieses Weges kann dem Credo *rinasce piu gloriosa*, dem Leitspruch des aus der Asche emporsteigenden Phönix, gefolgt werden.

Wenn Sie sich an der Semantik des „Kriegers" stoßen, so gehen Sie davon ab und wählen Sie ein Wording, das stimmig ist, das keine Widerstände, keine innere Ablehnung in Ihnen erzeugt. So können Sie von der Urkraft des positiven Selbsterhalts und Fortschritts oder von der Qualität eines inneren Wächters und positiven Antreibers oder auch vom Typus der Selbstermächtigung sprechen. Welchen „Namen" Sie besagtem „Kind" geben, ist von recht geringer Bedeutung, von essenzieller Wichtigkeit sind vielmehr die Inhalte, die mit der von Ihnen gewählten Bezeichnung verknüpft sind.

Die Reise der Selbstfindung verwendet die Bezeichnungen „Archetypus des Kriegers" und „Selbstermächtigungstypus" synonym: Die besagte Entität hilft uns dabei, all die inneren Konflikte und Seelenwunden, all das, was wir über Jahre und Jahrzehnte nicht schauen wollten, anzunehmen und zu bearbeiten. Er hilft uns, die „lange dunkle Nacht der Seele"[167] zu durchschreiten. Häufig befindet sich diese uns innewohnende Kraftquelle im Exil. Dadurch herrschen im Alltag Minderwertigkeit und Machtlosigkeit vor, was häufig mit Orientierungslosigkeit einhergeht.

Es gilt, in Verbundenheit mit der inneren Kriegerin/dem inneren Krieger, einen Prozess der Re-Naturalisierung zu beschreiten, der sich als Prozess der Reintegration des eigenen Natur-Seins, der eigenen Wildheit offenbart. Wir dürfen die Errungenschaften der Zivilisation, unsere Affektsublimierungen, die Etikette des „So-zu-sein-Habens", aufbrechen, um wieder wahrhaftig an Authentizität anknüpfen zu können. In dieser Causa gilt es, Freuds Diktion „Wo ‚Es' war, soll ‚Ich' werden" in ihr Gegenteil umzukehren. „Es" darf sein, soll sein, und zwar in Form einer positiven Wildheit, einer (re)aktivierten archaischen Urkraft. An diesem Punkt ist es von zentraler Bedeutung, vom weit verbreiteten Trugschluss abzugehen, Aggression sei von Natur aus schlecht.[168]

Viele unter uns sind verängstigt, wenn sich in den Tiefen des eigenen Seins Wildheit regt. Diese Wildheit ist aber nicht mit Barbarei gleichzusetzen, sondern vielmehr mit innerer Kraft, mit der Fähigkeit, klare Grenzen zu setzen und entschlossen zu handeln. Der wilde Mann, die wilde Frau, sie passen häufig nicht in bürokratische Systeme, entsprechen nicht dem gesellschaftlich erwünschten Bild.[169]

US-amerikanische Sportler titulieren sich selbst häufig als Krieger. Wir Österreicher haben auf nationaler, kollektiver Ebene seit dem Jahr 1866 (verlorene Schlacht bei Königgrätz) Erfahrungen gemacht, sodass es uns schlecht bekommt, wenn wir Krieger sind. Spätestens seit besagter Jahreszahl begann im „Zeitalter" des Nationalismus die K&K-Monarchie von innen heraus zu zerfallen. Durch den Verlust des 1. Weltkriegs ging das Habsburgerreich jahrhundertelang gelebter Größe verlustig. Doch dem noch nicht genug: Die Ideologie bzw. die daraus resultierten Gräueltaten des Nazi-Regimes luden uns zusätzlich eine kollektive Schuld auf unsere Schultern, die sich nicht nur in ausgeprägten Schuldgefühlen des Einzelnen, sondern auch in individueller Minderwertigkeit niederschlugen und -schlagen.

Wir tragen also nicht nur die Bürde unseres Gewordenseins, sondern auch ein kollektives Joch. Aufgrund der empfundenen und gelebten „Normalität" i. S. eines Gewohntseins von Schwäche, Schuld und Minderwertigkeit haben wir oftmals Angst vor unserer ureigenen Kraft, vor unserer wahren Größe – und gerade deshalb gilt es, den Weg der Selbstermächtigung zu beschreiten! Denn das menschliche Dasein ist ein Abenteuer, es ist ein Wachsen, ein Voranschreiten, ein Entdecken neuer Horizonte. Die Lebenskraft und schöpferische Potenz des Typus der Selbstermächtigung bedeuten Lebendigkeit, ein Leben in vollen Zügen in Anbetracht der Endlichkeit unseres Daseins![170] Der „weiße Ritter" kennt kein *Vanitas-Motiv* in seinem Selbstkonzept, sondern ausschließlich *carpe diem*, kennt kein Trübsalblasen, sondern vielmehr die aktive Nutzung gegebener Lebenszeit.

Die positive Kriegerqualität ist keine Grüblerqualität, vielmehr zeichnet sie sich durch Tatendrang, gepaart mit Selbstdisziplin, aus. Leider ist das Wissen über die positive Kriegerin/den positiven Krieger als Quell der Lebenskraft abhandengekommen.[171] Doch die Sehnsucht lebt weiter in uns, ein latenter Wunsch, Held*in zu sein. Kinoerfolge wie Wonder Woman, Gladiator und Braveheart zeugen von dieser omnipräsenten Sehnsucht, sich selbst zu beweisen und für das Gute zu kämpfen.

Wir können nun die Verbindung zu unserem Kriegerdasein weiterhin im Bereich der Fantasie, weiterhin in den Sphären passiver medialer Berieselung fristen. Dies würde uns zeitlich portioniert emotional berühren, doch ein permanenter Impakt auf unser Innenleben, wie auch auf die Gestaltung unserer Lebenswirklichkeit, würde ausbleiben. Durch TV-Erlebnisse werden Sie selbst nicht zur Wonder Woman oder zum Superman Ihrer eigenen Vita. Lassen Sie uns aber nicht Filme verteufeln, denn dieses emotionale Berührtsein birgt eine schöpferische Kraft in sich, die entfesselt werden darf, es kann Initialzündung, kann Motivationsbooster sein![172]

Die uns innewohnende Entität der Selbstermächtigung ist eine unverzichtbare Kraftquelle auf dem Weg der inneren Ganzwerdung, auf dem Weg der Selbstliebe, ist innerer Kompass auf dem Weg der Initiation, der Selbstverwirklichung, der Beantwortung der Frage nach dem Sinn. Haben Sie also keine Angst, sich Ihrer Stärke voll und ganz zuzuwenden, bedienen Sie sich dieser Ressource auf dem Weg der Selbstermächtigung. Wir wissen bereits von der Parabel des weißen und schwarzen Wolfs, die in uns kämpfen. Jederzeit können wir uns mit dieser Anima verbinden. Sie hilft uns, Stillstand und Missmut zu beenden, hilft uns, Kraft, Klarheit und Wagemut wahrhaftig zu empfinden, um innerlich wachsen und im Außen ein sinnerfülltes Leben gestalten zu können. Wie vertraut sind Sie bereits mit der in Ihnen schlummernden positiv-humanistischen Kriegerqualität?

TEIL 4: ENDE ALS ANFANG

*Die reinste Form des Wahnsinns ist es, alles beim Alten zu belassen
und gleichzeitig zu hoffen, dass sich etwas ändert.*
(Albert Einstein)

MEIN NEUES SEIN ...

Stellen wir uns vor, die Lektüre der „philosophischen Reise der
Selbstfindung" war nun das Einspinnen einer Raupe in ihren Kokon,
ein Verweilen und Wachsen innerhalb dessen. Sie haben alle Zeit
der Welt, und so bestimmen Sie allein, wann diese Phase, die
Phase des „Dazwischen", abgeschlossen werden darf. Vielleicht
glich die Lektüre dieser Selbstfindungsphilosophie einem Innehalten, einem Sammeln von Kraft und Klarheit, um neu durchzu-
starten, um die Weichen in Richtung Sinn und Erfüllung zu stellen.

Eudaimonie, eine gelungene Lebensführung, ist das Ziel! Hierbei
folgen wir aber nicht den Texten und Ansätzen dieses oder jenes
Philosophen, dieser oder jener Ethik. Vielmehr sind wir alle auf uns
selbst zurückgeworfen, dürfen, ja, müssen uns vor uns selbst verantworten. Als zentrales Momentum gebart sich das Tun per se,
denn was bringen uns Pläne, wenn diese nicht in die Tat umgesetzt
werden? Was hilft es uns, klarer zu verstehen, klarer zu erkennen,
was uns bedrückt, wenn wir all dies nicht hinter uns lassen?

Der Mensch bringt sich selbst mithilfe von Worten und Taten
zum Ausdruck, und so dürfen wir im Tun Schritt für Schritt voranschreiten, dürfen beginnen, an diesem und jenem Rädchen zu
drehen, um unsere Lebensqualität zu steigern und – wenn man
möchte – einen Beitrag zu leisten, damit die Welt ein kleines Stück-
chen „besser" wird. Denn eine jede/ein jeder besitzt die Kraft, das
eigene Lebensumfeld positiv zu gestalten und zu verändern.[173]

In diesem Zusammenhang fordert die „philosophische Reise der Selbstfindung" gar nichts(!), Ihre Orientierung darf sich vielmehr nach dem Herzen, den Wünschen und Träumen ausrichten. Häufig sind Wachstum und Wandel nicht so sehr im Außen präsent. So werden manche Personen im Zuge der eigenen „Wahrhaftigkeits-Wege" im Rampenlicht stehen und andere nicht, so werden sich manche Herzenswege in der Öffentlichkeit manifestieren und sich andere in aller Stille ausbreiten. Definitiv ist: Die konsequente Verfolgung der eigenen Selbstermächtigungsmentalität führt zu massiven Veränderungen im Innenleben, die sich dem nahen – und manchmal auch weiten – Umfeld zeigen werden. Dieser Weg ist ein langer – und wenn wir ehrlich sind, endet er erst mit unserem letzten Atemzug.

So wird die eigene Vita dahinlaufen im Mahlstrom der Zeit und der Ereignisse der unmittelbaren und globalen Wirklichkeiten. Das Ultreya-Prinzip – www.wachstum-im-wandel.at – kennt keinen Stillstand, wie auch das Leben, das gelebt werden möchte. Immer wieder wird es vonnöten sein, eine Reflexion der eigenen Schritte – sei es in Retrospektion oder im Sinne künftiger Agenden – vorzunehmen, immer wieder wird es von Bedeutung sein, sich selbst von ganz innen und ganz außen zu betrachten, immer wieder wird die Erfordernis bestehen, Altes loszulassen, um Neues zu integrieren – immer wieder steht Ihnen diese philosophische Reise zur Seite, um Freundin und Begleiterin zu sein, um (wieder) Halt und Orientierung zu finden. Denn die Eckpfeiler dieser unserer philosophischen Reise sind Eckpfeiler des Mensch-Seins *sui generis*.

Wie nun beginnen? Manche werden sich für einen radikalen Wandel entscheiden, werden von heute auf morgen vieles verändern, vieles umgestalten. Andere wiederum werden sich neuen Horizonten langsam nähern, werden Schritt für Schritt voranschreiten, um eine sanfte Transformation herbeizuführen. Hier kann ich nun keine Hinweise geben, welcher Pfad sich als Königsweg eignet. Manch erstarrte Situation, manch dysfunktionale Dynamik braucht radikale Schritte, manche Menschen sind impulsiv, andere wiederum vorsichtig – folgen Sie Ihrer Intuition!

Das Ziel ist klar, egal ob Sie dem Leitspruch des Phönix aus der Asche (*rinasce piu gloriosa*), oder jenem der US-amerikanischen Alternative-Rock-Band 30 Seconds to Mars (*provehito in altum*) folgen, egal ob Sie sich dem Credo des Kinderbuchs „Das kleine Ich bin ich" verschreiben oder sich einem ähnlich gearteten Lebensmotto widmen, es geht immer um ein Voranschreiten im Inneren und um bewusste Gestaltung im Außen. Das Außen wirkt zwar immer auf unser Innenleben ein, doch darf, ja, muss der Impetus des Inneren überwiegen: Sprich, intrinsische Impulse müssen die Lebensaktualität stärker gestalten als umgekehrt, um dem Prinzip der Selbstbestimmtheit gerecht werden zu können.[174]

An dieser Stelle beende ich meine Ausführungen, nun endet meine Funktion als Mentor, als Expeditionsleiter in teils vertrautem, in teils unbekanntem Terrain. Wir haben das Gelände erkundet, Sie wissen über dessen Topografie, dessen Beschaffenheit Bescheid. Nun gilt es, sich auf dieser Spielwiese des Lebens zu bewegen und Antworten auf die aufgeworfenen Fragen zu finden …

PS: In einigen Jahren wird der nachfolgende Teil zu diesem Schriftwerk „Eine philosophische Reise der Selbstfindung" erscheinen: „Eine Schatzkiste voll sinnerfüllter Lebensweisen". In dieser werden vielzählige Menschen zu Wort kommen, die mutige Wege beschritten haben, die Phasen der Insularität durchlaufen und Initiationstode durchlebt haben. Die philosophische Reise gab uns manche Einblicke in das Innenleben unseres – oftmals komplizierten – Daseins, die Schatzkiste wird sozusagen das Praxisbuch zur bereits erarbeiteten Theorie. Das Abenteuer der Selbstfindung, des Sinnierens, geht also weiter …

GLOSSAR

Aktions-Regenerations-Balance: Alternativvorschlag zum unpraktikablen Konzept der Work-Life-Balance (siehe Exkurs).

Fassaden-Identität: Eine solche bildet die Summe der nach außen getragenen Wunschbilder, die zumeist im Zuge von Bewältigungsversuchen von problembehafteten Kindheitssituationen in den eigenen Habitus inkorporiert wurden. In gelebter Praxis handelt es sich um permanentes Präsentieren von Selbstkonzepten, die von der Normalgesellschaft erwünscht und gewollt sind. Als Schattenseite ist die Dominanz der Strukturkraft dieses Schauspiels im Außen und die dadurch erwirkte Verkümmerung des Inneren zu nennen. Menschen mit ausgeprägten Fassaden-Identitäten gehen ureigener Impulse und Authentizität verlustig.

Ikarus-Erfahrung: Erfahrung, bei der durch Übermut und/oder Naivität ein Rückschlag erlitten wird, der fürs innere Wachstum als Lernerfahrung genutzt werden kann.

Individualisierung: Gegentrend zur hegemonial agierenden Normalgesellschaft, deren Protagonisten durch das Streben nach Zugehörigkeit und Anpassung erkennbar sind.

Insularität: Beschreibt einen Selbstbefreiungsprozess, der einen Zustand des Losgelöstseins von Situationen und Menschen zum Ziel hat, die als energieraubend und nicht authentisch erlebt werden. Durch diesen Rückzug wird der Weg zur Beantwortung der Frage nach den Lebenssinnen und einem gesteigerten Maß an Lebensqualität geebnet (siehe Selektionismus).

Körper: leblose, physische Präsenz des Menschen.

Körper-Geist-Gefühl-Un(be)greifbares-Einheit: In Anlehnung an Hilarion Petzold wird der Mensch als besagte tetradische Entität verstanden, wodurch dem Anteil des Un(ter)bewussten, des Un(be)greifbaren – und dennoch Vorhandenen – Raum gegeben wird.

Leib: lebendige, physische Präsenz des Menschen.

Meta-Habitus: räumlich und zeitlich definierte, inkorporierte Ausdrucksform von Wertkonstruktionen der Normalgesellschaft.

Normalgesellschaft: Sicherheit gebende, aber oftmals als einengend und restriktiv erlebte Zivilgesellschaft mit hegemonialer Definitionsmacht.

sakraler Raum: eine wie auch immer geartete soziale Sphäre, in der Gegenalltäglichkeit gegeben ist und die das Potenzial der Anbahnung des Selbst beinhält.

Schaferl-Effekt: Sinnbild für die unreflektierte Nacheiferung vorgegebener Wunschbilder.

Schattenidentität: Eine S. weist eine innere Struktur von Prädispositionen, inkorporierten Sozialisationsinstanzen und dysfunktionalen Selbstbildern auf, bei denen schwächende und blockierende Anteile in Gestalt von Ängsten, Widerständen und Verdrängungsmechanismen das Fühlen, Denken, wie auch die alltägliche Lebensführung stärker determinieren als authentische, originäre und „gesunde" Anteile. Personen mit Schattenidentitäten führen ein Schattendasein, auch wenn dieses in der Öffentlichkeit stattfindet, da es zur Entfremdung vom Selbst kommt.

Selektionismus: Unter S. ist eine praktikable Alternative zum Konzept der Opportunitätskosten zu verstehen. In diesem Sinne überwiegen bei der Anwendung von S. die positiven Auswirkungen auf den Gefühlshaushalt durch frei gefällte Entscheidungen. Die möglichst lange Aufrechterhaltung vielzähliger Handlungsalternativen, was der Geringhaltung von Opportunitätskosten entspricht, wird hingegen als unnötiges Hemmnis der eigenen Ressourcen verstanden.

Sinnbedürfnisse: In uns allen wohnt die Frage nach dem Sinn, die Frage nach den Sinnen. Aus existenzialistischer Perspektive ist das Leben eines jeden Individuums sinnlos. Sinn wird auch nicht gegeben, sondern muss gefunden werden. Es bedarf eines schöpferischen Aktes, um sich diesen und jenen Lebenssinn auf die Fahnen zu heften, um in weiterer Folge daraus Kraft und Orientierung beziehen zu können.

Umsteiger: Nur sich selbst versorgende Eremiten können wahrhaftig als Aussteiger tituliert werden. Personen, die sich entscheiden, den Job zu wechseln, die sich entscheiden, auf einer klimatisch begünstigten Insel zu leben, die sich entscheiden, in südlichen Gefilden zu überwintern, sie alle sind Umsteiger, steigen von einer pejorativ bewerteten Lebenswirklichkeit bzw. Umwelt aus und steigen in eine andere Lebenswirklichkeit bzw. Umwelt ein – sie steigen um.

Bibliographie

ALHEIT, Peter (2002): Identität oder „Biographizität"? Beiträge der neueren sozial- und erziehungswissenschaftlichen Biographieforschung zu einem Konzept der Identitätsentwicklung; in: *Integrative Therapie. Zeitschrift für vergleichende Psychotherapie und Methodenintegration*, Paderborn: Junfermann Verlag, Nr. 3-4, S. 190-209.

BACON, Francis (2003): *Neu-Atlantis*, Stuttgart: Reclam.

BAUMAN, Zygmunt (1994): Vom Pilger zum Touristen; in: *Das Argument. Zeitschrift für Philosophie und Sozialwissenschaften*, Nr. 3, S. 389–408.

BECK, Ulrich (1986): *Risikogesellschaft. Auf dem Weg in eine andere Moderne*, Frankfurt am Main: Suhrkamp.

BECK, Ulrich; BECK-GERNSHEIM, Elisabeth (1990): *Das ganz normale Chaos der Liebe*, Frankfurt am Main: Suhrkamp.

BEETZ, Jürgen (2012): *Eine phantastische Reise durch Wissenschaft und Philosophie. Don Quijote und Sancho Pansa im Gespräch*, Aschaffenburg: Alibri.

BERGER, L. Peter; LUCKMANN, Thomas (1995): *Modernität, Pluralismus und Sinnkrise. Die Orientierung des modernen Menschen*, Gütersloh: Verlag Bertelsmann Stiftung.

BERNHARD, Felix (2007): *Dem eigenen Leben auf der Spur. Als Pilger auf dem Jakobsweg*, Frankfurt am Main: Scherz.

BIDDULPH, Steve (2006): *Männer auf der Suche. Sieben Schritte zur Befreiung*, München: Wilhelm Heyne Verlag.

BINDER, Jana (2005): *Globality. Eine Ethnographie über Backpacker*, Münster: LIT Verlag.

BITZER-GAVORNIK, Günther (2004): *Persönlichkeitsentwicklung. Selbsterfahrung*; in: BITZER-GAVORNIK, Günther (Hrsg.): *Lebensberatung in Österreich*, Wien: LexisNexis.

BLOCH, Ernst (1985): *Geist der Utopie*. Frankfurt am Main: Suhrkamp.

BLY, Robert (2006): *Eisenhans. Ein Buch über Männer,* Reinbek bei Hamburg: Rowohlt Taschenbuch Verlag.

BRÄMER, Rainer (2003): Megatrend Wandern – Problem oder Chance?; in: Deutscher Olympischer Sportbund (Hrsg.): *Sport und Tourismus. Dokumentation des 10. Symposiums zur nachhaltigen Entwicklung des Sports vom 28.-29. November 2002 in Bodenheim am Rhein,* Frankfurt am Main, S. 62-79.

CAMPANELLA, Tommaso (2014): *Der Sonnenstaat,* Berlin: Contumax.

CARROLL, Lewis (2011): *Alice im Wunderland,* Köln: Anaconda.

CASTEL, Robert (2005): *Die Stärkung des Sozialen. Leben im neuen Wohlfahrtsstaat,* Hamburg: Hamburger Edition.

CHATWIN, Bruce (1996): *Traumpfade,* Frankfurt am Main: Fischer.

COELHO, Paulo (1996): *Der Alchimist,* Zürich: Diogenes.

COOLEY, Charles Horton (1956): *Human Nature and the Social Order,* Illinois: The Free Press.

ELDREDGE, John (2005): *Der ungezähmte Mann. Auf dem Weg zu einer neuen Männlichkeit,* Gießen: Brunnen Verlag.

ELIADE, Mircea (1988): *Das Mysterium der Wiedergeburt. Versuch über einige Initiationstypen,* Frankfurt am Main-Leipzig: Insel Verlag.

ELIAS, Norbert (1997): *Über den Prozess der Zivilisation. Soziogenetische und psychogenetische Untersuchungen,* Frankfurt am Main: Suhrkamp, Bd. 2.

ELIAS, Norbert (2000): *Was ist Soziologie?,* Weinheim-München: Juventa.

ELIAS, Norbert (2003): *Die Gesellschaft der Individuen,* Frankfurt am Main: Suhrkamp.

ENDE, Michael (2005): *Momo – oder Die seltsame Geschichte von den Zeit-Dieben und von dem Kind, das den Menschen die gestohlene Zeit zurückbrachte,* Stuttgart-Wien: Thienemann.

ESSER, Hartmut (2001): *Soziologie. Spezielle Grundlagen. Bd. 6: Sinn und Kultur*, Frankfurt am Main: Campus.

ERIKSON, Erik H. (2013): *Identität und Lebenszyklus*, Frankfurt am Main: Suhrkamp.

FRANKL, Viktor (2004): *Der unbewusste Gott. Psychotherapie und Religion*, München: DTV.

FRANKL, Viktor (2008): *Der Mensch vor der Frage nach dem Sinn*, München: Piper.

FOSTER, Steven; LITTLE, Meredith (1994): *Vision Quest. Sinnsuche und Selbstheilung in der Wildnis*, Braunschweig: Goldmann Verlag.

FROMM, Erich (2003): *Haben oder Sein*, München: DTV.

GARLAND, Alex (1999): *Der Strand*, München: Goldmann Verlag.

GEBERT, Frank (2008): *Wandern. Kleine Philosophie der Passionen*, München: DTV.

GEBHARDT, Winfried (2006): Kein Pilger mehr, noch kein Flaneur. Der „Wanderer" als Prototyp spätmoderner Religiosität; in: GEBHARDT, Winfried; HITZLER, Ronald (Hrsg.): *Nomaden, Flaneure, Vagabunden. Wissensformen und Denkstile der Gegenwart*, Wiesbaden: VS-Verlag.

GENNEP, Arnold van (2005): *Übergangsriten*, Frankfurt-New York: Campus Verlag.

GOFFMAN, Erving (2003): *Wir alle spielen Theater. Die Selbstdarstellung im Alltag*, München: Piper.

GREVERUS, Ina-Maria (1983): Unser Erschrecken vor der Zivilisation; in: GREVERUS, Ina-Maria; HAINDL; Erika (Hrsg.): *Versuche, der Zivilisation zu entkommen*, München: Beck, S. 7–10.

GROSS, Peter (1994): *Die Multioptionsgesellschaft*, Frankfurt am Main: Suhrkamp.

GROSS, Peter (2006): Paradise lost … Vom Pilger zum Wanderer; in: GEBHARDT, Winfried; HITZLER, Ronald (Hrsg.): *Nomaden, Flaneure, Vagabunden. Wissensformen und Denkstile der Gegenwart*, Wiesbaden: VS-Verlag.

GROSSARTH, Jan (2012): *Vom Aussteigen und Ankommen. Besuche bei Menschen, die ein einfaches Leben wagen*, München: Goldmann.

HALLER, Max (1997): Effizienter Staat – beschämte Nation, ineffizienter Staat – stolze Nation? Befunde über nationale Identität und National-stolz der Deutschen und Italiener. 1981 und 1990; in: *Soziologisches Jahrbuch*, Trient, S. 305-344.

HALLER, Max (1999): *Soziologische Theorie im systematisch-kritischen Vergleich*, Stuttgart: UTB.

HESSE, Hermann (2012): *Demian. Die Geschichte von Emil Sinclairs Jugend*, Berlin: Suhrkamp.

HOBBES, Thomas (2003; orig. 1651): *Leviathan*, Stuttgart: Reclam.

KASCHUBA, Wolfgang (1991): Die Fußreise. Von der Arbeitswanderung zur bürgerlichen Bildungsbewegung; in: BAUSINGER, Hermann; BEYRER, Klaus; KORFF, Gottfried (Hrsg.): *Von der Pilgerfahrt zum modernen Touris-mus*, München: C. H. Beck.

KEEN, Sam (1992): *Feuer im Bauch. Über das Mann-Sein*, Bergisch Gladbach: Verlagsgruppe Lübbe.

KERKELING, Hape (2006): *Ich bin dann mal weg. Meine Reise auf dem Jakobsweg*, München: Piper.

KILEY, Dan (1983): *The Peter Pan Syndrome. Men who have never grown up*, New York: Avon Books.

KÖDEL, Wolfgang; EICHHORST, Sabine (2016): *Der Mann im Wald. Wie ich mein Leben hinter mir ließ*, München-Berlin: Piper.

KRAKAUER, Jon (2008): *In die Wildnis. Allein nach Alaska*, München: Piper.

KRISS-RETTENBECK, Lenz; KRISS-RETTENBECK, Ruth (1984): Homo Viator – Ideen und Wirklichkeiten; in: KRISS-RETTENBECK, Lenz; MÖHLER, Gerda (Hrsg.): *Wallfahrt kennt keine Grenzen*, München-Zürich: Schnell & Steiner.

MARCUSE, Herbert (1991): *One-Dimensional Man. Studies in the Ideology of Advanced Industrial Society*, Boston: Beacon Press.

MERLAU-PONTY, Maurice (1974): *Phänomenologie der Wahrnehmung*, Berlin: Walter de Gruyter & Co.

MOORE; Robert; DOUGLAS, Gillette (1991): *King, Warrior, Magician, Lover. Rediscovering the Archetypes of the Mature Masculine*, New York: HarperCollins.

MORUS, Thomas (2001): *Utopia*, Stuttgart: Reclam.

NEUHOLD, Leopold (2009): Wellness als religiöses Versprechen, in Druck; in RUCKENBAUER, Hans; SCHAUPP, Walter (Hrsg.): *Macht Religion gesund? Christliches Heilsangebot und Wellness-Kultur (Theologie im kulturellen Dialog)*, Innsbruck-Wien-München: Tyrolia, S. 13-52.

ONKEN, Matthias (2013): *Bis nichts mehr ging. Protokoll eines Ausstiegs*, Reinbeck bei Hamburg: Rowohlt Taschenbuch Verlag.

PETZOLD, Hilarion G. (1983): Nootherapie und „säkulare Mystik" in der Integrativen Therapie; in: PETZOLD, Hilarion G.: *Psychotherapie, Meditation, Gestalt,* Paderborn: Junfermann, S. 53-100.

PETZOLD, Hilarion G. (2003): *Integrative Therapie. Modelle, Theorien und Methoden für eine schulenübergreifende Psychotherapie. 2. Klinische Theorie: das biopsychosoziale Modell*, Paderborn: Junfermann Verlag.

PETZOLD, Hilarion G. (2005): Der „bewegte Mensch" – Frauen und Männer in Bewegung durch die Zeit. Transversale Überlegungen zur Anthropologie aus der Sicht Integrativer Therapie. Hommage an Simone de Beauvoir (1908-1986); in: *Polyloge. Materialien aus der Europäischen Akademie für psychosoziale Gesundheit. Eine Internetzeitschrift für „Integrative Therapie"*, Düsseldorf-Hückeswagen: Verlag Petzold + Sieper, Nr. 5.

PETZOLD, Hilarion G. (2007): *Integrative Supervision, Meta-Consulting, Organisationsentwicklung. Ein Handbuch für Modelle und Methoden reflexiver Praxis*, Wiesbaden: VS-Verlag.

PETZOLD, Hilarion G.; ORTH, Ilse; SIEPER, Johanna (2011): „Sorge um das Ganze" – Überlegungen zu Fragen der Orientierung und der Haltung im Felde des Psychotherapie heute; in PETZOLD, Hilarion G.; ORTH, Ilse; SIEPER, Johanna (Hrsg.): *Gewissensarbeit, Weisheitstherapie, Geistiges Leben. Werte und Themen moderner Psychotherapie,* Wien: Krammer, S. 11–62.

PORTMANN, Alfred (1974): *An den Grenzen des Wissens. Vom Beitrag der Biologie zu einem neuen Weltbild,* Wien-Düsseldorf: Econ.

PRISCHING, Manfred (2006): Die zweidimensionale Gesellschaft. Ein Essay zur neokonsumistischen Geisteshaltung, Wiesbaden: VS-Verlag.

RAHM, Dorothea et al. (1999): *Einführung in die Integrative Therapie. Grundlagen und Praxis,* Paderborn: Junfermann.

SCHADER, Jörg (2009): *Jakobspilgern. Eine teilnehmende Beobachtung am Camino Francés,* Graz: Dissertation.

SCHADER, Jörg (2011): *Jakobspilgern. „Wege" zum Weg,* Halle: Projekte-Verlag.

SCHÄFER, Reinhold H. (2004): *MännerQuest. Die Reise ins Herz des Mannes,* Uhlstädt-Kirchhasel: Arun-Verlag.

SCHEFF, Thomas (1990): *Microsociology. Discourse, Emotion, and Social Structure,* Chicago-London: The University of Chicago Press.

SCHEFF, Thomas (1994): *Emotions, Nationalism and War,* Oxford: Westview.

SCHULZ VON THUN, Friedemann (2008a): *Miteinander Reden. Störungen und Klärungen,* Reinbek bei Hamburg: Rowohlt, Bd. 1.

SCHULZ VON THUN, Friedemann (2008b): *Miteinander Reden. Das „innere Team" und situationsgerechte Kommunikation,* Reinbek bei Hamburg: Rowohlt, Bd. 3.

SCHULZE, Gerhard (1995): *Die Erlebnis-Gesellschaft. Kultursoziologie der Gegenwart,* Frankfurt-New York, Campus Verlag.

SCHULZE, Gerhard (2003): *Die beste aller Welten. Wohin bewegt sich die Gesellschaft im 21. Jahrhundert?,* München-Wien, Carl Hanser Verlag.

SCHÜTZ, Alfred (1960): *Der sinnhafte Aufbau der sozialen Welt. Eine Einleitung in die verstehende Soziologie*, Wien: Springer.

SCHWERMER, Heidemarie (2001): *Das Sterntalerexperiment. Mein Leben ohne Geld*, Pößneck: Bertelsmann Verlag.

SENNETT, Richard (1998): *The corrosion of charakter. The personal consequences of work in new capitalism*, New York-London: W. W. Norton & Company.

SIMMEL, Johannes Mario (1975): *Niemand ist eine Insel*, Locarno: Droemer Knaur Verlag Schoeller & Co.

SINGELNSTEIN, Tobias; STOLLE, Peer (2008): *Die Sicherheitsgesellschaft. Soziale Kontrolle im 21. Jahrhundert*, Wiesbaden: VS-Verlag.

SPIERLING, Volker (2015): *Arthur Schopenhauer zur Einführung*, Hamburg: Junius.

STAPPEN, Anne van (2015): *Das kleine Übungsheft. Selbstliebe*, München: Trinity.

TEPPERWEIN, Kurt (2016): Praxishandbuch. Mentaltraining. Entspannen. Neue Kraft schöpfen. Das Leben gestalten, München: Ariston Verlag.

THOREAU, Henry D. (2007): *Walden. Ein Leben mit der Natur*, München: DTV.

TIMPE, Anita (2006): *Ich bin so wütend! Nutzen Sie die positive Kraft Ihrer Wut*, Kreuzlingen-München: Heinrich Hugendubel Verlag.

TOFFLER, Alvin (1970): *Der Zukunftsschock*, Bern-München-Wien: Scherz.

WEBER, Max (1988): *Gesammelte Aufsätze zur Religionssoziologie 1*, Opladen: Leske + Budrich.

WÖTZEL, Rudolf (2012): *Über die Berge zu mir selbst. Ein Banker steigt aus*, München: Integral Verlag.

ENDNOTEN

[1] Mein Bemühen ist es, einen Weg der Mitte zu beschreiten, zum einen für die allgemeine Verständlichkeit, zum anderen aber auch, weil sich die Schriften von Soziologen oftmals fernab vom Vokabular und Textverständnis der Allgemeinheit positionieren.

[2] In der Wissens- bzw. Informationsgesellschaft der Gegenwart sind wir es so sehr gewöhnt, mit Expertenwissen versorgt zu werden, dass diesem meistens Vorzug vor der eigenen Intuition gegeben wird. Diese Geisteshaltung darf durchaus kritisch hinterfragt werden.

[3] Der Inhalt der philosophischen Reise der Selbstfindung nimmt sich ohnehin nicht allzu ernst, interpretiert sich selbst als vorläufiges Wissen, folgt einem *„herakliteischen Prinzip"* (Petzold 2003, 386f). So darf diese Philosophie nicht Letztwahrheit sein, sondern vielmehr Reflexion verortet in Zeit und Raum.

[4] Vgl. ebd. 2003

[5] Vergleiche hierzu auch Erik H. Eriksons (2013, 62–75) epigenetisches Spannungsverhältnis von Urvertrauen versus Urmisstrauen.

[6] Ab und an erinnere ich mich an Rainhard Fendrichs Lied „Der Wind" und bin mir sicher, dass das Bedürfnis, die eigenen Flügel zu entfalten, nicht nur ein Phänomen im Alter der Adoleszenz ist, sondern dass es in unserer eigenen Verantwortung als selbstbestimmtes Individuum liegt, ebensolche Phasen, Situationen und inneren Räume immer wieder bewusst in der Aktualität unserer Alltäglichkeit herzustellen.

[7] Fakt ist: Wie Ulrich Beck (1986) es so herrlich ausdrückt, leben wir in einer Risikogesellschaft. Das kleine Wirtschaftswunder und der daraus florierende Sozialstaat haben Frau und Herrn Österreicher in etwa im Zeitraum von 1970 bis 2000 die Illusion vermittelt, dass sich Gevatter Staat in sozialistischer Manier um alle Belange unseres Seins kümmert. Diese Sicherheit schwindet zusehends, ebenso wie andere Solidaritätsnetzwerke. Die Sicherheit muss woanders gefunden werden, im eigenen Sein, in der eigenen Selbstwirksamkeit, im eigenen Urvertrauen.

[8] Man verzeihe dem Autor autobiografische Notizen in diesem Kapitel, denn das eigene Subjekt ist stets unsere einzige Schnittstelle zum Erkenntnisgewinn. (vgl. Thoreau 1999, 7)

[9] Vgl. Haller 1999, 598

[10] Vgl. Gross 1994, Beck 1986, Beck/Beck-Gernsheim 1990, Singelnstein/Stolle 2008

[11] Vgl. Kerkeling 2006

[12] Vgl. Schulze 2003, 44; Beispielsweise erweisen sich die Jakobspilger lediglich als kleine Untergruppe, als Spitze des Eisbergs an Sinnsuchern. Andere Ausdrucksformen einer Sinnsuche sind Reisen nach Fernostasien (vgl. Binder 2005), ist der Wellnessboom (vgl. Neuhold 2009) und das Sinnieren in der Natur im Zuge ausgedehnter Wanderungen per se (vgl. Brämer 2003; Gebert 2008, 7).

[13] Schulze 1995, 33

[14] Denn uns steht kein selbstverständliches Wissen über die Sinnhaftigkeit unseres Lebens zur Verfügung. (vgl. Berger/Luckmann 1990, 44; 66)

[15] Vgl. Marcuse 1991, 4f

[16] Vgl. Alheit 2002, 195

[17] Vgl. Elias 2000, 132ff

[18] Die eliassche Forderung hält so manchen Fallstrick bereit. Sehr wahrscheinlich wird Sprache – trotz heraklischer Bemühungen – auch in Zukunft Mehrdeutigkeiten und emotionalen Aufladungen von Begrifflichkeiten anheimfallen. Warum? Auch wenn die folgende Aussage viele Personen im Wissenschaftsmilieu nicht gerne hören, bin ich der Überzeugung, dass wir Menschen sui generis emotionale Wesen sind. Hierfür können mannigfache Argumente geliefert werden, doch würden wir im Zuge dieser Erörterung vom Pfad, den dieses Buch beschreiten will, abgehen. Vielmehr soll uns Husserls phänomenologischer Zugang leiten, in dem die Wirklichkeit stets verborgen bleiben wird, wie es Platon in seinem berühmten Höhlengleichnis so eindrucksvoll verdeutlicht.

[19] Wir verfügen über einen im Zuge unserer Biografie entstandenen Wissens- und Erfahrungsschatz und akzeptieren diesen Impetus unseres eigenen Gewordenseins. (vgl. Schütz 1960) Auch von Heraklit haben wir gelernt, dass wir niemals in denselben Fluss steigen können, da der Fluss zu einem späteren Zeitpunkt bereits ein anderer geworden sein wird – ebenso wie wir selbst.

[20] Sämtliche Kulturleistungen gehen auf ebendiese Fähigkeit der Selbstwahrnehmung und -betrachtung, des „Sich-in-Beziehung-Setzens" mit der Welt hervor. Die Fähigkeit der (wertfreien) Betrachtung des Selbst kann durch die „Vipassana-Meditation" aktiv gelernt werden (vgl. Tepperwein 2016, 50ff).

[21] Wie genau Bewusstsein entsteht, verstehen wir vielleicht in ein paar Dekaden, derzeit herrscht noch Verunsicherung über dieses zentrale Momentum des Mensch-Seins.

[22] Vgl. ebd. 2003

[23] Vgl. Spierling 2015, 14; 45

[24] Vgl. Prisching 2006, 136

[25] Griechische Göttin des unpersönlichen Schicksals

[26] Siehe beispielsweise die Lyrics des Songs „Awakening" der kanadischen Power-Metal-Band „Unleash the Archers"

[27] Ebendas, was da ist, soll hier wertfrei verstanden sein, soll weder als gut oder schlecht konnotiert werden, sondern soll einfach in seiner ontologischen Gestalt geschaut werden, soll akzeptiert und ergründet werden.

[28] Vgl. Haller 1999, 598; Weiter kann die Identität eines Menschen als ein dem Menschen ureigenes Selbstgefühl bezeichnet werden (vgl. Esser 2001, 365) – und dies stets in Wechselwirkung von Kontext und Kontinuum.

[29] Vgl. Beetz 2012, 236

[30] Vgl. Bloch 1985, 211

[31] Vgl. Frankl 2008

[32] Vgl. Berger/Luckmann 1990, 57

[33] Vgl. Gebhardt 2006, 229

[34] Vgl. ebd. 1991, 4f

[35] Häufig naturferne Menschen sitzen in Jagdkursen, lernen über Flora und Fauna.

[36] Vgl. Schulze 2003, 44, 48; Gross 1994, 44; Prisching 2006, 57f; Frankl 2004, 85ff

[37] Vgl. Prisching 2006, 43

[38] Vgl. Bauman 1994, 389ff

[39] Vgl. Beck/Beck-Gernsheim 1990, 12

[40] Vgl. ebd. 109; Berger/Luckmann 1990, 18

[41] Vgl. ebd. 25; Gross 2006, 30ff

[42] Viele wissen noch gar nicht, was sie wollen, sondern lediglich das, was sie nicht wollen: ein wichtiger Schritt, ein wichtiges Vorantasten, das uns bereits Aristoteles mit seiner aporetischen Methode vorschlug.

[43] Vgl. Sennett 1998

[44] Vgl. Schulze 1995

[45] Vgl. Toffler 1970

[46] Vgl. Onken 2013, 95

[47] Vgl. Biddulph 2006, 213

[48] Siehe ebd. 64f; 100; Neuhold 2009

[49] Vgl. ebd. 1999

[50] Vgl. ebd. 2008

[51] Vgl. Petzold 2005, 8

[52] Wir können diesen Gedanken noch weiterspinnen: Ich habe erst ein Buch in meinem Leben zweimal gelesen, und zwar den Alchemisten von Paulo Coelho. Beim zweiten Mal waren einige Jahre vergangen, und somit hatten sich mein Zugang zur Welt, mein Zugang zu meiner subjektiven Lebenswirklichkeit verändert. Wenn diesem Buch die Ehre zuteil kommt, in drei oder womöglich in zehn Jahren wieder zur Hand genommen zu werden, so werden sich dessen Inhalte wiederum anders in Ihrem Bewusstsein entfalten. Dies ist nun kein Grund, um vor der Komplexität bzw. der Flüchtigkeit unseres Mensch-Seins in die Knie zu sinken, sondern unterstreicht den Charakter unseres permanenten Entwickelns.

[53] Vgl. Fritzsche 2000, 346; Fooken 2000 nach Gahleitner 2007, 410; Obligationen und Grenzen verschwimmen, zumindest abseits territorialer Grenzziehungen (vgl. Gross 1994, 71f; 75). So können in Zeit und Raum (Kontinuum und Kontext) Differenzierung, Integration und Kreation immer neue Formen an Lebensstilen und Individualität annehmen (vgl. Petzold 2003, 386). Die normative Kraft des Lebenslaufs, von Geburt, Zeit, Stand bzw. Klasse bzw. Milieu verebbt.

[54] Vgl. Haller 1999, 598

[55] Vgl. Esser 2001, 365

[56] Vgl. Alheit 2002, 190

[57] Selbstverständlich neben der existenzialistischen Unausweichlichkeit des sartreschen „In-die-Welt-geworfen-Seins".

[58] Vgl. Kriss-Rettenbeck 1984, 14ff

[59] Vgl. Petzold 2005, 11; 2003, 393; Schader 2009, 31; 105; Nußbaumer 2007, 38f

[60] Vgl. Petzold 2003, 388; ebd. 2005, 3; In diesem Zusammenhang folgen wir einer *„doppelten anthropologischen Grundformel"* (Pet-

zold 2003, 429). Diese zeigt sich in doppelter Seinsgestalt: einer ganzheitlichen und differentiellen, in anderen Worten: einer humanistischen und pluriformen Sicht der Dinge.

[61] Vgl. ebd. 1974, 102f

[62] Verfolgt man die arbeitsmarktpolitischen Debatten rund um die Personengruppe „NEETs" (Not in Education, Employment or Training), handelt es sich hierbei wohl um keinen Automatismus.

[63] Vgl. Weber 1988, 105f

[64] Vgl. Rahm 1999, 155

[65] Meeresliebhaber können sich beispielsweise eine Metapher mit den analogen Gesetzmäßigkeiten in Gestalt eines Bootes im Wellengang kreieren.

[66] Sigmund Freud (2004, 37) führte hierzu eine sehr treffende Parabel an: *„Nun machen wir eine phantastische Annahme, Rom sei nicht eine menschliche Wohnstätte, sondern ein psychisches Wesen von ähnlich langer und reichhaltiger Vergangenheit, in dem also nichts, was einem zustande gekommen war, untergegangen ist, in dem neben der letzten Entwicklungsphase auch alle früheren noch fortbestehen. Das würde für Rom also bedeuten, daß auf dem Palatin die Kaiserpaläste und das Septizonium des Septimius Severus sich noch zur alten Höhe erheben, daß die Engelsburg noch auf ihren Zinnen die schönen Statuen trägt, mit denen sie bis zur Gotenbelagerung geschmückt war, usw. Aber noch mehr: an der Stelle des Palazzo Caffarelli stünde wieder, ohne daß man dieses Gebäude abzutragen brauchte, der Tempel des Kapitolinischen Jupiter, und zwar dieser nicht nur in seiner letzten Gestalt, wie ihn die Römer der Kaiserzeit sahen, sondern auch in seiner frühesten, als er noch etruskische Formen zeigte und mit tönernen Antifixen geziert war. (...) Und dabei brauchte es vielleicht nur eine Änderung der Blickrichtung oder des Standpunktes von Seiten des Beobachters, um den einen oder den anderen Anblick hervorzurufen."*

[67] Hier wird nicht verlangt, im Vergangenen zu wühlen, bis ein Schmerz gefunden ist, vielmehr darf und soll all dies geschaut werden, was in der Gegenwart in unserem Gefühlsleben in Resonanz geht, was in unser Befinden und in unser Bewusstsein dringt.

[68] Donald W. Winnicott (nach Rahm 1999, 152) spricht nicht von einer Fassaden-Identität, sondern vom *„Falschen Selbst"*.

[69] Vgl. Rahm 1999, 151; Der ödipale Konflikt soll hier als Beispiel genannt sein.

[70] Vgl. Eldredge 2005, 258; Eldredge bezieht sich in seiner Argumentation lediglich auf männliche Identität, doch dürfen wir die grundlegenden Antriebe von Fassaden-Identitäten beiden Geschlechtern zuschreiben. Ein Forschungsdesiderat wären die unterschiedlichen Ausprägungen bei Männern und Frauen.

[71] Vgl. Moore 1991, 13f

[72] Vgl. Kiley 1983, 8; 33; Bauman 1994, 389ff

[73] Wie ich seit Jahren beobachten kann.

[74] Vgl. Eldredge 2005, 144

[75] Die Wurzeln dieser bipolaren Persönlichkeitsstruktur liegen in unserer frühen Kindheit, zur Manifestation kommt es jedoch erst in der Phase der Adoleszenz. (vgl. Kiley 1983, 26)

[76] Anstelle von „Glück" können auch Leichtigkeit, Freiheit, Selbstbestimmtheit usw. gesetzt werden.

[77] Wolfgang Ködel (vgl. ebd./Eichhorst 2016, 126) war beispielsweise so überarbeitet, hat so lange das innere Bedürfnis nach Ruhe usw. ignoriert, bis er in ein Burn-out geschlittert ist und drei Jahre im Wald lebte. Die Literatur über Burn-out, Ausstieg oder zumindest Ausstiegssehnsüchte wuchert (vgl. Onken 2013, Wötzel 2012, Grossarth 2012, Schwermer 2001 u. v. m.).

[78] Vgl. Petzold 2005, 30

[79] soweit dies in der Begrenztheit unseres Mensch-Seins eben möglich ist

[80] Vgl. Petzold 2007, 105

[81] Vgl. ebd. 1996

[82] Vgl. Greverus 1983/1, 7f

[83] Diese Art und Weise des ungewollten Vor-Augen-Führens innerer Ängste, dieses Abspielen eines Zukunftsdramas der eigenen Vita ist unidirektional – so können nur die Schatten der Vergangenheit Öl für die Feuer der Schatten der Zukunft sein und nicht umgekehrt.

[84] Viele Coaching-Angebote usw. bedienen sich solch kurzfristiger Heilsversprechungen und erfreuen sich über großen Zulauf. Die Sinnhaftig- bzw. Wirksamkeit dieser Angebote darf durchaus kritisch hinterfragt werden.

[85] Ebd./Eichhorst 2016, 123f

[86] Schattenidentitäten, womöglich entsprechen diese der cineastischen Gestalt des „Zombies", der aufgrund so mancher Kino-Blockbuster wie auch so mancher TV-Serien zu einem fixen Bestandteil des täglichen Fernsehprogramms geworden ist; ein spannender Gedanke, halb tote Kreaturen, die vor sich hinvegetieren.

[87] Norbert Elias (vgl. 1997, 323ff) führt diesen Gedanken weiter.

[88] In alternativen, urbanen Lebenswelten wird meine Abstinenz eher akzeptiert, doch in ländlichen Milieus erweist sich die soziale Wirklichkeit noch massiv „alko-phil".

[89] Vgl. Schulz von Thun 2008a, 100ff

[90] Unter Jugendlichen ist es durchaus erlaubt, dass sich heterosexuelle Mädchen umarmen, ab und an Hand in Hand geben, ab und an auch auf die Lippen küssen.

[91] Vgl. Schwermer 2001, 21

[92] Vgl. Merleau-Ponty 1974, 193; 239; Ein Beispiel für derart Schatten ist es, nicht zu wagen, eben dann zu singen, wenn man aus einem spontanen Impuls heraus Lust und Laune dazu hat. Ein weiteres Beispiel ist, besonders darauf zu achten, was das Umfeld über die eigene Person denkt, was wiederum eine imaginierte Sicht des Selbst durch die Umwelt vor die eigenen Befindlichkeiten stellt.

[93] Vgl. Petzold 2003, 432

[94] Alheit 2002, 196

[95] Vgl. Schulz von Thun 2008b

[96] Vgl. Krakauer 2008

[97] Im anglikanischen Raum ist häufig von „Active Imagination Dialogue" die Rede. Auch hier wird ein innerer Dialog mit eigenen Entitäten geführt. Das bewusste Sein versucht hierbei Kontakt zum Unterbewussten herzustellen. Auf dieser Reise begegnen wir inneren Verfolgern, inneren Unterdrückern und Peinigern, aber auch

inneren Helfern. Das Ziel ist dasselbe, die Entmachtung negativer Antreiber und die Stärkung innerer Helfer. (vgl. Moore 1991, 147f)

[98] Schulz von Thun 2008b

[99] In der Arbeit mit dem inneren Team gilt es, eine zirkuläre Hermeneutik anzuwenden: Einem regelmäßig vollzogenen Abgleich der Funktionsweise und Zusammensetzung des inneren Teams mit der eigenen Lebensaktualität folgt eine Bestätigung oder Adaptierung desselben.

[100] Siehe Kap. „Initiation in der Spätmoderne"

[101] Vgl. Onken 2013, 172

[102] Vgl. ebd. 2001

[103] Vgl. ebd. 2014

[104] Vgl. ebd. 2003

[105] Selbst von der Entwicklungshilfe, der Organisationsentwicklung usw. wissen wir, dass es sehr viel einfacher ist, etwas Neues zu kreieren als etwas Bestehendes umzuformen.

[106] Vgl. Schader 2011, 53

[107] In der Geschichte der Menschheit stellte so manche Ideologie, so manche Lebensweise den Anspruch auf Allgemeingültigkeit, formulierte ein Idealbild einer menschlichen Vita. Doch ob es sich nun um einen christlich geprägten, frommen Lebensstil oder um leibliche Ertüchtigung und eugenische Verklärung in der Zeit der NSDAP handelt, sie gehören der Vergangenheit an. Die Gegenwart kennt keine große Ideologie, und so haben wir die Chance, uns selbst zu suchen und zu finden.

[108] Im Sinne Max Webers unterscheiden wir Verhalten, das sich auf routinierten Abläufen und Mustern gründet, von sozialem Handeln, das keinen gewohnten Bahnen, sondern vielmehr aktiv und bewusst rationalen und/oder poietischen Antrieben folgt.

[109] Vgl. Schader 2009, 130f; Henry David Thoreau (2007) flüchtete bereits Mitte des 19. Jahrhunderts vor der Zivilisation, um einige Monate in einer Blockhütte in der Wildnis zu leben. Heute manifestiert sich diese Zivilisationsflucht durch Bergsteigen, Trekking, Klettern, Tourenskigehen usw. Wie dem auch sei, all diese Tätigkeiten implizieren eine Loslösung von den Wirren der Postmoderne, wie auch eine Anbahnung zum Selbst. Die Natur kann und ist also ein äußerst wichtiger Kraftort. Der Pilger, die Bergsteigerin, der Kletterer usw. sagen der „Sicherheitsgesellschaft" (vgl. Singelnstein, 2008) ab und bringen wieder eine archaische Saite in sich zum Klingen (vgl. Chatwin 1996, 310f). Dieses „In-der-Natur-Sein" stellt einen gangbaren – und auch häufig gewählten – Weg dar, soll aber keinesfalls apologetisch als Patentrezept verfochten werden.

[110] Vgl. ebd. 2007

[111] Vgl. ebd.2003

[112] Vgl. ebd. 1975

[113] Vgl. Schäfer 2004, 55

[114] Vgl. Bitzer-Gavornik 2004, 13; Biddulph 2006, 322ff

[115] Vgl. Gross 1994

[116] Vgl. ebd. 2003

[117] Vgl. Stappen van 2015, 6ff

[118] Vgl. 2005, 109

[119] „Playing Identities" funktioniert häufig besonders gut im Zuge von Reisen. (vgl. Schwermer 2001, 22)

[120] Das Konzept der sozialen Identität reduziert sich nicht auf einzelne Individuen, sondern kann sich ebenso auf Gruppen, Organisationen und globale Einheiten wie Nationen im Sinne einer nationalen Identität beziehen (vgl. Haller 1999, 600; 1997, 25). Der österreichischen Seele haftet der Verlust einstiger Größe an und durch den Zweiten Weltkrieg auch Scham und Schuldgefühle.

[121] Vgl. ebd. 1999, 7

[122] In den Sommern der Jahre 2006 und 2007 besuchte ich den Atlantikstrand von Finisterre abermals. In Summe verweilte ich über einen Monat unterm Himmelszelt an besagtem Ort, der mich lehrte, Ganzheit zu empfinden.

[123] Vgl. Beck/Beck-Gernsheim 1990, 14; Schulze 2003, 212ff

[124] Vgl. Prisching 2006, 9; 20; 41; 48f;

[125] Vgl. ebd. 1974

[126] Vgl. Petzold/Orth/Sieper 2011, 39ff; Walch 2011, 216; Petzold 1983, 63

[127] Haben Sie Gefallen an besagter Selbstexploration gefunden? Dann forschen Sie doch weiter! Beispielsweise können Sie Ihre innere Selbstverurteilungs-Selbstlob-Achse eines Arbeitstages mit jener eines typischen Wochenendtages vergleichen. Sie können sich dieses Tool auch zunutze machen, indem Sie einmal pro Woche oder Monat an einem beliebigen Tag eine Analyse durchführen, um so zu eruieren, ob Sie näher an die Selbstliebe heranrücken – oder eben nicht.

[128] Vgl. Scheff 1990, 71ff; 1994, 53

[129] Vgl. Erikson 2013, 62-75

[130] Vgl. Goffman 2003; Elias 2003, 262ff; Cooley 1956, 184

[131] Vgl. Hobbes, 2003

[132] Die Befreiung vom Morast, vom Unrat der Vergangenheit kann nun allein vollzogen werden, so als würde unser Geländewagen von uns selbst gewaschen werden. Wenn wir unser Vehikel in die Waschanlage karren, so wären hier die Analoga Coaching, Beratung oder etwa auch diverse Gruppensettings.

[133] Unsere Erörterung beruft sich auf einen individualistischen Zugang, denn lassen Sie uns ehrlich sein: Wie soll in Situationen subjektiv empfundener Kränkungen Objektivität begründet werden? Hier dürfen wir dem Phantasma der Objektivierbarkeit individueller Realitäten einen Riegel vorschieben, denn wir brauchen nicht auf einen *deus ex machina* hoffen, der das Schreckensgespenst der Subjektivität vertreiben wird.

[134] Wir alle spielen Rollen in unserem Alltag. (vgl. Goffman 2003)

[135] Denn innerlich mit dem eigenen Vater auf Kriegsfuß zu stehen, bedeutet auch, in Konflikt mit der eigenen Männlichkeit zu sein. (vgl. Biddulph 2006, 54) Analoges gilt für den Zusammenhang der Beziehung zur eigenen Mutter und dem eigenen Frau-Sein.

[136] Vgl. Eldredge 2005, 167

[137] Vgl. Bly 2006, 62; 67

[138] Vgl. Foster 1994, 52f

[139] Vgl. Kappert 2008, 92

[140] Dies darf durchaus im dialektischen Sinne verstanden sein.
[141] Beschreiten wir diesen Weg nicht, bleiben wir der inneren Überzeugung treu, dass Klagen und Verzeihen nichts nützen würden. Eine solche Persönlichkeit gründet sich auf Treibsand.
[142] Als weiterer wesentlicher Aspekt von Selbstliebe darf „Humor" Erwähnung finden. Denn durch die Integration eines Schmähs in die Bewältigung des eigenen Alltags wie auch des eigenen Gewordenseins scheint bereits so manches leichter. Als wesentliche Ressource neben Humor soll auch der „Glaube" genannt sein, egal ob dieser konfessionell oder im Sinne der von Berger und Luckmann postulierten Privatisierung des Glaubens begründet ist. Glaube kann Sinn geben, Glaube kann Kraftquelle sein, weshalb auch dieser Aspekt – zumindest kurz – im Zuge unserer philosophischen Reise genannt sein soll.
[143] Vgl. ebd. 1994, 71–87; siehe auch Castel 2005, 65
[144] Vgl. Keen 1992, 63; Gennep 2005, 91. Initiation wird auch mit einer leidvollen, bedeutsamen Suche, mit einem verborgenen Weg – im Innen wie auch im Außen –, mit Abenteuer, mit der Suche nach dem Selbst assoziiert. (vgl. Schäfer 2004, 11)
[145] Vgl. Gross 1994, Beck/Beck-Gernsheim 1990
[146] Siehe Gennep (2005) bzgl. klassischer Übergangsriten
[147] Vgl. Foster 1994, 31f
[148] Vgl. Biddulph 2006, 279
[149] Vgl. Schäfer 2004, 31; Ventura nach Bly 2006, 238
[150] Vgl. Thomaset 2004, 54
[151] Vgl. Schader 2011, 53f; Bernhard 2007, 80; 149
[152] Durkheim formulierte hierzu das Konzept der „mechanischen Solidarität".
[153] Vgl. Eliade 1988, 17
[154] Vgl. Foster 1994, 29; 36
[155] Vgl. Eliade 1988, 32
[156] Vgl. Foster 1994, 40
[157] Vgl. ebd. 37
[158] Vgl. ebd. 39
[159] Vgl. Gennep 2005, 76
[160] Vgl. Keen 1992, 60
[161] Vgl. Moore 1991, 5
[162] Vgl. Eliade 1988, 14ff
[163] Vgl. Gennep 2005, 15; 84
[164] Zu Beginn der Phase der Neu-Definition ist häufig noch existenzielles Vakuum spürbar. Dieses entstand in der Phase der Trennung, des Rückzugs, und es drängt danach, nach dem Urprinzip des Lebens nun wieder mit ebensolchem gefüllt zu werden.
[165] Vgl. Moore 1991, 9; 44. Alle Archetypen in uns sind bipolar, verfügen über positive und destruktive Seiten. Wir tragen meist zumindest eine dysfunktionale Ausprägung in uns. (vgl. ebd., 10; Schäfer 2004, 59)
[166] Vgl. Moore 1991, 14f; 43
[167] Vgl. Biddulph 2006, 129
[168] Vgl. Timpe 2006, 63ff; Eldredge 2005, 110

[169] Die Oberen fürchten diese Wildheit, da eine wilde Herde, eine entfesselte Masse nicht mehr kontrollierbar ist, sondern vielmehr das Schicksal in die eigene Hand nimmt.

[170] Vgl. Moore 1991, 79ff

[171] Positive Krieger scheuen nicht vor Konflikten zurück. Sie sind häufig auch Zerstörer, um dysfunktionale Konstrukte und Handlungsmuster aufzulösen, damit Neues entstehen kann (vgl. Moore 1991, 86). Hier verschwimmen die Konturen zum „schwarzen Krieger", der zwar Zugang zu den eigenen Kraftreserven besitzt, diese aber nicht zum Wohle der Selbstliebe und zum Wohle der Allgemeinheit einsetzt. So bedingen sich Selbstermächtigung und eine humanistische Wertkonstellation stets wechselseitig.

[172] So finden sich so manche cineastischen Epen, in denen die heldenhaften Protagonisten selbst heilen. Ein Beispiel: Iron Man wird tödlich verletzt und kann sich nur mithilfe futuristischer Technik am Leben erhalten. Blicken wir auf tiefere Ebenen des Seins, so stehen die Granatsplitter im Herzen dieser SciFi-Figur symbolisch für dessen emotionale Verletztheit. Indem er die Herausforderungen seiner Vita annimmt, seinem inneren Krieger folgt, gelangt er à la longue zur „Heilung".

[173] Vgl. Schwermer 2001, 182f

[174] Vgl. ebd., 215f

HERZ FÜR AUTOREN A HEART FOR AUTHORS À L'ÉCOUTE DES AUTEURS MIA KAPΔIA ΓIA ΣYΓΓP
HJÄRTA FÖR FÖRFATTARE UN CORAZÓN POR LOS AUTORES YAZARLARIMIZA GÖNÜL VERELIM SZÍ
CUORE PER AUTORI ET HJERTE FOR FORFATTERE EEN HART VOOR SCHRIJVERS TEMOS OS AUTO
SERCEZÖINKÉRT SERCE DLA AUTORÓW EIN HERZ FÜR AUTOREN A HEART FOR AUTHORS À L'ÉCOU
CORAÇÃO BCEЙ ДУШОЙ K ABTOPAM ETT HJÄRTA FÖR FÖRFATTARE Á LA ESCUCHA DE LOS AUTOF
AUTEURS MIA KAPΔIA ΓIA ΣYΓΓPAΦEIΣ UN CUORE PER AUTORI ET HJERTE FOR FORFATTERE EEN H
YAZARLARIMIZA GÖNÜL VEREL SZÍVEZERZÖINKÉRT SERCE DLA AUTORÓW EIN HERZ FÜR
VOOR SCHRIJVERS TEMOS OS AUTORES CORAÇÃO BCEЙ ДУШОЙ K ABTOPAM ETT HJÄRTA FÖF

Der Autor

Im Ennstal aufgewachsen, lebt der Autor heute
in einer beschaulichen Marktgemeinde im Süden
der Steiermark. Während des Soziologiestudiums
wurden bereits Erfahrungen im Zuge universitärer
Studentenjobs, als Finanzdienstleister, als Kommunikationstrainer und als Betreuer im Bereich
der Kinder- und Jugendhilfe gesammelt. Letztere
Tätigkeit wurde nach der Promotion durch eine
achtjährige Leitungsfunktion ergänzt. In dieser Zeit
wurde die Feldforschung „Jakobspilgern. ‚Wege'
zum Weg" publiziert und ein freiberufliches Be-
tätigungsfeld als Life-Coach und Begleiter von
Einzelunternehmer*innen aufgebaut. Gegenwärtig
unterstützt Jörg Schader Menschen im gesamten
deutschsprachigen Raum dabei, sich selbst zu
finden und zu leben …
Der Autor nimmt sich gerne Auszeiten in der Natur,
frönt der eigenen Leiblichkeit bei Rock-Gesang
und Krafttraining. Zudem liebt er die angenehme
Atmosphäre von Kaffeehäusern, um zu sinnieren
und zu schreiben.

Der Verlag

*Wer aufhört
besser zu werden,
hat aufgehört
gut zu sein!*

Basierend auf diesem Motto ist es dem novum Verlag
ein Anliegen neue Manuskripte aufzuspüren, zu ver-
öffentlichen und deren Autoren langfristig zu fördern.
Mittlerweile gilt der 1997 gegründete und mehrfach
prämierte Verlag als Spezialist für Neuautoren in
Deutschland, Österreich und der Schweiz.

**Für jedes neue Manuskript wird innerhalb we-
niger Wochen eine kostenfreie, unverbindliche
Lektorats-Prüfung erstellt.**

Weitere Informationen zum Verlag und
seinen Büchern finden Sie im Internet unter:

www.novumverlag.com